U0461357

时尚的格局与变革：
走向全新的模式？

GÉOPOLITIQUE DE LA MODE
Vers de nouveaux modèles ?

[法] 苏菲·柯克让 (Sophie Kurkdjian) 著

张忠妍　译

重庆大学出版社

目录

前言

INTRODUCTION

自中世纪以来，时尚一直在不断发展。其先作为一种工艺，然后成为一种工业。从邻里间女裁缝的家庭缝纫或手工艺作坊的缝纫到伟大的时装设计师在其沙龙里设计、销售的定制时装（或高级定制时装），从批量生产的服装（或成衣）到在实体商店和网上销售的快时尚产品，时尚的面貌和功能都发生了很大变化。它从一件简单的御寒保暖或遮羞的衣服变成了装饰品，装饰着身体，传达着穿着者的品位、个性和社会地位等，也因此在实用性、象征性和社会性的功能间游走。

正如几个世纪以来一直是“充斥着大规模互动的混杂体”的世界（Appadurai，2015 年，第 63 页），时尚总是通过买卖人、批发商和探险家而得以在不同国家之间传播。得益于技术创新及在某些领域的扩张精神，时尚与人已成为商业关系，由人对贸易和金钱的渴望驱动。首先流通的正是用来制作衣服的面料——例如产自中国的丝绸，从古代起就传入了地中海地区的大门内。一些技术（如编织、切割、缝纫等）也传播到了欧洲及欧洲以外的国家。时尚杂志也为时尚知识的传播做出了贡献，手工艺匠人、商人、工人和裁缝等的迁移也促进了时尚知识的传播。这些流通创造了一个丰富多样的网络，是一个不断变化的时尚地理的起源，这一时尚地理在工业化的影响下不断演变。

在 18—19 世纪，第一次工业革命和第二次工业革命为时尚提供了作为产业发展的手段。历史学家费尔南德·布罗代尔认为，机械织机和纺纱机、提花织机和缝纫机的发明，使纺织工业首先实现了机械化。时尚超越了审美和社会层面，拥有了经济层面的意义，尤其影响了西方国家的贸易平衡，为一些西方国家带来了大量外汇，为其他一些国家的劳动力提供了工作。当时，巴黎确立了自己作为世界时尚之都的地位，尤其是在 1858 年英国时装设计师查尔斯·弗雷德里克·沃斯开设了第一家定制时装商店之后。巴黎作为进化的历史塑造者、都市的等级形式（Breward 和 Gilbert，2006 年，第 6 页），通过时尚之都的概念成为一个拥有由时尚生产、分销和消费场所组成的生态系统的城市。巴黎在 20 世纪上半叶迎来了它的第一个黄金时代，在当地涌现了一批时装设计师，尤其是保罗·博瓦莱、嘉柏丽尔·香奈儿和让娜·浪凡。他们的作品被法国、英国、美国和巴西最富有的女性购买，而巴黎女人的形象则作为一个神话生根发芽。作为法国最具活力和知名度的文化产业之一，时尚在法国的商业关系中至关重要。

如果说自 18 世纪以来法国就一直潜伏着时尚可以成为影响力的重要工具的这种想法，那么到了 20 世纪，可以说这一想法在意大利、英国和美国的时尚之都之间传播开来。这些国家都各自发展出成衣及奢华成衣工业，在国际时尚界占据一席之地。从这一时期开始，一个全球时尚地缘政治体系就在巴黎和这些新的活动中心之间出现了，成员间相互竞争，并在此后继续发展。这三个时尚之都和巴黎之间正在形成的角逐之势表明，时尚与艺术一样，是法国国际影响力的一个重要因素。不仅如此，作为法国经济和商业力量的核心吸引力，它已成为一种独特的元素，同时具有艺术性、创意性、审美性和文化性，通过不同类型的媒体（报纸、电视、电影、导游手册、网络社交平台、书籍、绘画作品等）广泛地传达给国际客户。巴黎是时尚，时尚即巴黎，这就是自 18 世纪以来工业家、设计师、公会乃至历届法国政府试图铭刻在“外国人”、顾客或游客心中的形象和说法（Rocamora，2009 年，第 44 页）。面对法国占有的这一特权，意大利、英国和美国打算提高本国服装业的创造力和独创性，以跻身国际时尚生态系统。它们推动时尚产业发展的动力如此之大，以至于在 20 世纪 80 年代末，时尚已成为国家排名甚至世界排名的一大标准。在这种情况下，它成为各国在国际地缘政治体系中“存在”的软实力工具的组成部分，用以证明国家的发展水平和创新精神（Frédéric Martel，《走向法式“软实力”》，2013 年，第 67 页）。

21 世纪初，这一国际时尚地缘政治体系在时尚全球化和民主化的影响下发生了重大转变。时尚的民主化体现在快时尚的发展和新纺织巨头的出现，如瑞典和西班牙的快时尚巨头。这些都是老牌时尚品牌的挑战者和经常的抄袭者。现在，国际时尚生态系统被新的服装生产方法撼动，这些新方法注重数量而非质量，主张优先复制而非原创。除了提出新的生产方法——这包括越来越多地将生产迁移到劳动力更廉价的亚洲以降低成本，快时尚品牌还提供了一种新的时尚消费方式，这与四大时尚之都的模式不同。快时尚产品在价格方面更亲民，呈现为消费品：我们购买它们、消费它们、扔掉它们，然后在需要时更换它们，甚至不必考虑留着它们供日后再次穿着。换句话说，这是两种相互对立的时尚观念——耐用性与一次性、质量与数量、创意与复制——它们破坏了 1858 年创建的时尚体系。与此同时，快时尚品牌破坏了由巴黎、米兰、伦敦和纽约建立的时尚地缘政治体系的平衡，因为它们的生产体系受其生产过程中产生的地域迁移的影响，对时尚领域产生了影响。时尚地缘政治体系也在发生变化，因为其他时尚领土正在世界各地兴起：在北欧、非洲、美洲和亚洲，时尚也正在成为展现国家形象、历史、专业知识及“理念”的一种手段。时尚的顾客们也增添了面孔。长久以来占据多数的是英国、美国、巴西客人，现在增加了许多卡塔尔、俄罗斯以及一些东亚国家和地区的客人，这反映出这些国家经济发展的全球化野心。新顾客的增多意味着品牌必须适应新的消费习惯，在新的领土上确立自己的地位，并与法国、英国、美国或意大利的母公司建立牢固的联系。这些影响生产、创作和顾客本身的因素的不同发展已经——并且仍然——对时尚领域的地理分布产生了直接影响。它们还对这些国家之间的商业和文化关系有影响，这些国家越来越多地参与竞争——包括创意设计、生产和技术层面的——以成为时尚行业的领导者。时尚不再集中化且只涉及西方国家，它现在已经成为一种全球现象。它越来越多地成为全球化分包过程的一部分，涉及在服装订单、生产和消费方面相互依赖的许多国家。

自 18 世纪以来，在时尚地缘政治体系建立的过程中，通过时尚传播的话语和图像以及更广泛的媒体有助于在时尚国家之间维持一定的等级制度。诚然，我们对时尚系统的理解是基于经济和商业数据，使某个国家成为配饰出口巨头或使另一个国家成为运动服装出口巨头，但也基于一些“集体表现”，“因为时尚中心之间的关系与其所表现出来的领土相关，也就是说，对于居住在其中、觊觎它们甚至描述它们的人来说，这些领土是想象出来的”，亚历山大·德菲（Defay，2005 年，第 4 页）如是说。我们对一个国家包括它的人口、身份及文化等的印象是由我们受到的教育、阅读的内容以及媒体、广告信息在我们的脑海中形成的，它们影响了我们在创意和时尚产业对他者的理解。对时尚的想象——人类学家阿尔让·阿帕杜雷解释说，随着新技术的兴起，想象已经获得了新的集体和社会角色（Appadurai，2015 年，第 33 页）——主导了时尚地缘政治体系的演变。迄今为止，这种想象在很大程度上促成了对时尚的等级化的，有时甚至是错误的看法：西欧国家是“发明者”“创造者”，而亚洲或非洲国家只是“（再）生产者”“制造商”；前者有想法，而余者只是将这些想法实现的工具。换句话说，它造成了部分人对西方时尚及其文化的某种高估，从而损害了他者的利益，同时也造成了某些与国家声誉捆绑的思想的传播（比如法式时髦、美式休闲装、英式怪癖、中国制造）。正如阿帕杜雷指出的那样，“一些人想象出的社区是其他人的政治监狱”（Appadurai，2005 年，第 70 页）。这种对时尚的模式化看法需要根据影响该行业和全球经济的最新发展来重新解读。这种重新解读也再次表明，在全球化的影响下，时尚、空间不再只分布在“发明时尚”的北方国家（如法国、英国、意大利或美国）和“只生产它”的南方国家（如中国和孟加拉国）之间。前者不得不学会应对新的时尚创造和消费中心的出现，而后者则在制造业转移的影响下爆发能量。时尚领域的版图正在发生变化，这些领土之间的力量抗衡变得更加复杂。这就是本书想要展示的。它旨在对时尚地缘政治体系做出全新的和当代的分析，超越简单的东西方划分，突出涉及欧洲、亚洲和非洲更多时尚国家的多边关系。希望书中对世界不同时尚领土之间关系的重新分析，有助于人们更普遍地反思世界各国的阶层体系，这些分析是基于前人对长期以来被忽视或轻视的不同人群及文化的联结、互动与融合的历史研究（Douki 和 Minard，2007 年；Boucheron，2013 年）。

本书依据伊夫·拉科斯特的研究，运用三个关键概念——时间沿革、地域沿革及其表现——进行地缘政治分析，旨在阐述和分析在时尚界上演的权力“竞争”。书中展示了自 19 世纪以来它们如何随着时间的推移而演变，涉及不同领土及其之间的关系、这些领土上的不同人（创造者、客户、工人）以及“推进不同社会群体发展、塑造他们的世界观并主宰他们的集体表现”（Lacoste 和 Lorot，2010 年）。在第一章绘制了世界四大时尚中心（巴黎、米兰、伦敦和纽约）的肖像，展示了时尚一直是它们的软实力工具，并指出这些时尚中心的重要性是话语塑造的结果。第二章着重阐述了各时尚中心用来辐射和强化它们身份的传播、交流、教育和普及工具。第三章暂退一步，考察了欧洲和世界各地的“其他”时尚中心，除欧洲人和美国人以外的“其他”时尚顾客，以及其他时尚生产体系如与传统时尚中心呈竞争关系的快时尚。在最后一章，侧重分析时尚中心当前和未来的挑战，其领导地位的确立当然在于其较高的创新能力，但也在于其在合乎道德的社会条件和环境条件下进行生产。

从 18 世纪延续至今的伟大力量

LES GRANDES FORCES EN PRÉSENCE DU XVIIIe SIÈCLE À AUJOURD'HUI

今天如果谈论巴黎、伦敦、米兰和纽约在时尚领域的四足鼎立及它们相互间强大的联系，那么可以说，巴黎长久以来以压倒性优势被称为时尚之都。路易十四（1638—1715 年）和他的大臣让 - 巴蒂斯特 · 科尔贝（1619—1683 年）推崇巴黎时尚，他们察觉到它在提高法国影响力方面的作用。巴黎时装在 18—19 世纪持续发展，在整个 20 世纪，其产业变得有组织，基础和国际领导地位得到巩固。在 19 世纪，巴黎是时尚之都，巴黎时尚作为一种模式被输出。第二次世界大战（简称“二战”）后，英国、意大利和美国在 20 世纪 10 年代出现的独立于巴黎发展自己的时尚产业的愿望成为现实，新的时尚之都逐渐出现——米兰、伦敦和纽约，每座城市都试图取代其他城市并对其强加自己的时尚和风格。

法国，18 世纪以来的时尚之都

如果说我们自古代开始穿着服装，那么追溯时尚的诞生则要回到 14 世纪，从那时起对尚不再仅仅被定义为着装的需要，而是一种反映个人社会地位、个性及时代品位的方式。“时尚”二字在 1390 年的含义是“特定属于一个国家或一个时代的群体生活及思维方式”，直到 1480 年才开始表示“穿着方式”。可从几个方面解释从“服装”到“时尚”的演变是如何发生的。在那时，首先，服装开始更加频繁地发生变化（Grace-Heller，2007 年），从而反映了个人为了愉悦而改变衣服的形状和颜色的情况以及追求优雅的愿望。此外，带垂褶的服装（包括将一块织物缠绕在身体上的服装形式）被放弃，取而代之的是贴身的缝制服装，同时在女性时尚和男性时尚之间出现了以前不存在的区别。在文艺复兴时期，这种时尚现象在欧洲传播，特别是在意大利（以佛罗伦萨和威尼斯为代表）以及法国的某些地区如安茹、普罗旺斯和勃艮第。在 16 世纪，时尚在西班牙和英国也变得越来越重要。

从 17 世纪末开始，法国的时尚在质量和数量上都有所发展。当时，路易十四和他的财政总审计长让 - 巴蒂斯特 · 科尔贝了解到法国在支持和促进时尚和工艺方面（如丝绸制造商和饰带制造商、针织长袜制造商、羽毛工艺人、金匠、手套制造商等）所能获取的经济利益。他们意识到，这种国家财富在很大程度上促成了宫廷的辉煌，可以加强法国的国际文化影响力——这就是软实力的前身。有鉴于此，据说，曾宣称“时尚之于法国，就像秘鲁的金矿之于西班牙一样”的让 - 巴蒂斯特 · 科尔贝在法国凡尔赛宫廷内强加了一些法律条款，承担起法国奢侈品推广的任务。他通过了禁止外国产品进口的法律，并邀请织布工、皮革匠和花边制造商来到法国，在他创建的工厂工作。当时，滋养了凡尔赛宫廷贵族时装的法国工艺已在法国大部分地区兴起：14 世纪，巴黎就已出现帽匠；15 世纪，布列塔尼就有了亚麻工艺人；16 世纪，里昂有了丝绸制造商，圣艾蒂安有了饰带制造商；17 世纪初在格勒诺布尔出现了手套制造商，17 世纪末在瓦朗西亚有了花边制造商，南锡有了稻草编织艺人。

到了 18 世纪，在被描述为“时尚爱好者”的玛丽 - 安托瓦内特王后（1755—1793 年）的影响下，时尚在法国发展起来。时尚受制于礼节，反映了旧制度时期法国社会和经济地位的不平等，那是一个围绕贵族、神职人员和第三等级制度建立起来的社会。时尚还反映了贵族的“惊人消费”（Mansel，2005 年；Steele，2017 年）。与此同时，它还具有很强的政治维度。当出生于奥地利的玛丽 – 安托瓦内特于 1770 年来到巴黎，嫁给未来的国王路易十六（1754—1793 年）并缔结法奥联盟时，她不得不放弃所有奥地利的“印记”才能进入法国。在莱茵河中部的一座小岛上，她竟然要脱下“奥地利服装”并换上法国服装（才能入境）。

纵观 18 世纪，我们观察到一个时尚生态系统是如何在巴黎建立起来的。这个生态系统围绕着 1776 年新出现的成员——专门由女性从事的职业——时尚商人来组织。作为当今伟大的时装设计师和创作者的先辈，时尚商人不是裁缝，而是出售可以修饰服装的一切物品的人。历史学家丹尼尔 · 罗奇将这一新的社会职业类别的创建称为服装革命，强化了巴黎的创意氛围（Roche，1989 年）。时装商人根据顾客的品味，提供尽可能优雅的装饰（包括配饰）：饰带、蝴蝶结、羽毛、别针、人造花等。她鼓励女性更新可以改变连衣裙穿着效果的小细节，并在社会中树立自己的人格。最著名的时装商人之一是被王后玛丽 – 安托瓦内特聘为“时装部长”的罗丝 · 蓓尔丹，她负责管理王后的服装（Sapori，2003 年，2010 年；Crowston，2005 年，75–94 页；Guennec，2004 年）。在卢浮宫和圣奥诺雷街附近开设精品店是巴黎时尚发展的另一重要因素（Mercier，1781 年）。例如，罗丝 · 蓓尔丹在她位于皇宫附近的商店蒙格尔（1770 年）担任店长，为贵族打扮。

为了完善时尚生态系统，时尚媒体也在发展，其使巴黎时尚超越法国国界，在欧洲传播。首先，按照法国宫廷风格打扮的时装人偶从巴黎运往欧洲各国宫廷，紧随其后的是第一批时尚杂志，例如《时尚长廊》（1778—1787 年）、《时尚之屋》（1785—1793 年）和《女士与时尚日报》（1797—1839 年）。攀比之风让开始来巴黎购物的外国人产生了对巴黎时尚的真正的热情，而巴黎女性的形象则依附于她们的外表，成为一个强大的转义，在神话与现实之间游弋。

巴黎女人是许多文学作品描述的主题，尤其是在让 – 雅克 · 卢梭的《新爱洛伊斯》（1761 年）、尼古拉 · 艾德莫 · 荷蒂夫 · 德 · 拉布列东的《巴黎女人们》（1787 年）和路易 – 塞巴斯蒂安 · 梅西耶的《巴黎之画》（1781 年）中。她们还出现在广告、旅游指南和体现女性气质的理想愿景的绘画中（Rétaillaud-Bajac，2020 年）。在 19 世纪，“Parisiennes（巴黎女人）”这个词脱去了复数形式，变成“Parisienne”，其代表着一个时尚人物，她以别致著称，是轻易能被认出的典型的巴黎人。“法国女人”自然而然地转变为“巴黎女人”，而巴黎则“充当了法国的转喻[1]”（Retaillaud-Bajac, 2013 年）。以 1874 年的奥古斯特 · 雷诺阿，1875 年的爱德华 · 马奈、詹姆斯 · 提梭和让 · 贝罗（的作品）为代表的“巴黎女人”也引起了外国艺术家的注意。后者在传播巴黎

[1] 转喻：修辞手法的一种，归属于比喻，指的是甲事物与乙事物在实质上并不相似，但在社会生活之中往往有联系，利用这种关系可用甲事物的名称代替乙事物。其内在的思维关系不是相似关系而是联想关系。——译者注

女人，使其成为法国文化、经济、媒体和旅游的神话中发挥了重要作用（Rocamora，2009 年；Paresys，2008 年）。

19 世纪的工业革命加强了巴黎在时尚方面的影响力。为更多客户提供更多样产品的开发活动，加上消费品社会标志性作用的增强，导致新的消费形式建立。巴黎史无前例地成为时尚的特权地带。“时尚之都”这个词在 19 世纪被越来越多地使用。它的出现可以追溯到 1830 年的法国媒体，还包括一些散文和字典。更广泛地说，为美国游客提供的大量书籍、旅行和购物指南将被奥斯曼男爵美化的巴黎描述为“时尚的瑰宝”。此时，法国首都加强了其时尚集群结构（Marshall，1890 年；Porter，1998 年）。哲学家沃尔特·本雅明也将法国首都称为“19 世纪的首都”，更准确地说是“奢侈品和时尚之都”[2013 年（1942 年），第 180 页]。巴黎确实朝着时装生产、分销和消费场所的集中化迈进了一步，预示着现代时装业的诞生（Kurkdjian，2020 年 a）。1858 年，法国首都在和平街 7 号迎来了由英国人查尔斯·弗雷德里克·沃斯创建的第一家定制时装商店（Trubert-Tollu 等，2017 年）。后者主持建立了高级定制时装系统，我们是其今天的继承人。他围绕时装设计师的形象和由真人模特穿着的季节性系列服饰来展示时尚。与时尚商人一致，沃斯创造了时装设计师的形象，时装设计师不再是一个只根据老板指令及主线不经常变化的、对一般服装系列进行机械创作的工匠，而是为客户提供个性化服装的创造者，其在设计中加入了自己的风格及对时尚的看法。沃斯为其他时装设计师的工作铺平了道路，例如让娜·浪凡、让娜·芭甘和保罗·博瓦莱，他们定居在和平街附近，然后是圣奥诺雷街区附近，将巴黎作为所有大胆风格的首都。

从 19 世纪末开始，在巴黎歌剧院周围还出现了春天百货（1865 年）和老佛爷百货（1894 年）等百货公司，这使得时尚的传播成为可能，并因此形成了一种新的消费形式（Marseille，1998 年；Chatriot 和 Chessel，2006 年）。爱弥尔·左拉从乐蓬马歇百货（1838 年）中汲取灵感，用他的书《妇女乐园》来讲述百货商店的创新，他称它们为“蜂巢”“怪物”“童话中的食人魔”，抑或是“为狂热的时尚消费建立的圣殿”，这是对当时发生在巴黎的革命的隐喻。

最后，从 1868 年起，巴黎出现了巴黎高级时装协会，它为巴黎时尚界提供了法律工具（例如设计师可以为他们的设计款式申请专利，并可以在诉讼中获得律师建议）、社交工具（例如规范工资制度以及时装店的罢工管理制度）和商业工具（例如支持设计师将他们的设计出口到国外并参加国际活动）来组织、打击外国仿冒活动并在世界范围内扩大其经济影响力（Kurkdjian，2020 年 a、2019 年；Pouillard，2016 年；Stewart，2005 年）。在此期间，每年都有美国、英国、德国和巴西的顾客和专业买手来到巴黎，以发掘新的“巴黎系列”，而巴黎时装设计师们也开始出国旅行以展示他们的作品（Font，2012 年，30–47 页）。巴黎之所以在服装业投入这么多，那是因为这座时尚之都也对外国的竞争感到畏惧。

1914 年，巴黎时装业已经经历了源自德国（Ganeva，2008 年）

和美国（Stewart，2008 年）的众多竞争。自 20 世纪初开始，不仅德国和美国买家对巴黎款式的仿冒只增不减，而且这些国家表现出摆脱巴黎的束缚、创建自己的时尚产业的愿望。战争加剧了这种竞争，并对巴黎在时尚方面的领先地位提出挑战。从 1914 年 8 月开始，以《女装日报》和《科利尔周刊》为首的美国媒体发起了一场反对巴黎时装的运动，以支持美国时装。那些头条新闻提出，由于巴黎正处于战事[1]之中，它的设计师们都在前线（尤其是沃斯和保罗·博瓦莱），现在是美国独立于巴黎创造自己的时尚的时候了。1914 年 8 月 6 日,《纽约时报》宣称“巴黎即将看到它对时尚控制的结束”，随后在 10 月 4 日又提到美国时装取得的进展,称其被赋予了“无与伦比的机会”。然而，在发表了几篇挑衅性质的文章之后，《纽约时报》却不得不在 1914 年 12 月承认，巴黎高级定制时装远未消亡。12 月 27 日，它写道，“法式身形获胜，这证明时尚总是向巴黎低头”。

虽然法国人对看到美国时装发展起来感到强烈恐惧，但这种恐惧最终被证明是理由不充分的，因为巴黎的时装公司在 1914 年 12 月很快恢复了活力(Bass-Krueger 和 Kurkdjian, 2019 年)。尽管毫无理由，但美国人的这些呼声还是在法国时装设计师的脑海中停留了很长时间，法国时装设计师在整个冲突期间致力于展示他们在时尚领域对美国的

[1] 此处战事指第一次世界大战（1914 年 7 月 28 日—1918 年 11 月 11 日），主要是同盟国和协约国之间的战斗。其主战场在欧洲，分为西线和东线，最终以英国、法国为首的协约国获胜。——译者注

支配地位。战争对巴黎时装有启示性的作用：如果它知道自己已经光芒四射，那么暴露出来的冲突和竞争会让它更加清楚地意识到自己的重要性以及更好地保护自己的必要性。就像政治层面的神圣同盟[1]一样，时装业正在动员起来以挽救巴黎时装业的声誉：工人们接受减薪，而所有时装从业者都团结起来爱国。对于法国，保留时装业至关重要。赢得这场战争也意味着拯救了巴黎时装和巴黎作为时尚之都的举世闻名的形象。为了成功拯救法国时尚，时装设计师知道他们尤其需要在国外被看见，因为他们的大部分客户都在国外。这就是为什么他们参加了 1915 年在美国旧金山举行的世界博览会，在会上展示了他们最新的服装并表明巴黎“始终凌驾于世界之上，在好战的骚动中支配着和平的优雅法令”。时装设计师们还参加了其他活动，例如 1917 年的马德里博览会以及在里昂、巴黎举办的博览会。1918 年的巴黎博览会是一个“向法国和其他国家展示时装的存在、运作并保持其生命力”的机会。

时尚在疯狂年代（1919—1929 年）围绕着女男孩[2]（Bard, 1998 年）的形象与 20 世纪 30 年代回归古典主义形式之间摇摆不定，第一次世界大战与第二次世界大战之间的时尚在数量和质量上都有所提升。首先，巴黎的时装商店数量从 1914 年的 20 间增加到 1929 年

[1] 神圣同盟：指描述第一次世界大战期间法国各政党间达成政治休战的术语。——译者注

[2] 女男孩：La garçonne，穿着带男性化元素服装的女孩。20 世纪 20 年代被称为“女男孩时代”，女装设计中开始混入男性化元素，以方便女性跳舞。——译者注

的 200 间。这其中包括嘉柏丽尔 · 香奈儿、艾尔莎 · 夏帕瑞丽、玛德莱娜 · 维奥内和让 · 巴杜的品牌时装店。这些品牌不仅在风格上进行了创新——比如浪凡的时尚连衣裙、香奈儿和夏帕瑞丽的毛衣，又如维奥内的斜裁式剪裁；还分不同部门（儿童、年轻女孩、运动、香水部门）来呈现产品，以期将客户明确细分。这之后，从 1931 年开始，大规模生产有了明显的发展，时尚开始向中产阶级女性群体扩散，呈现出某种程度的民主化，她们可以进入单一定价的商店如 Prisunic 连锁商店购物。

这一时期，巴黎确认了其在国际舞台上的地位。时尚加强了法国对国外市场的征服并使其多样化，1920 年时尚产业在法国出口行业中排名第二（Rouff，1946 年，116-133 页）。巴黎意识到继续推广时装设计师的重要性。如果说市场营销是 20 世纪 70—80 年代才在法国发展起来的，那么可以说，从 19 世纪末开始其就存在于人们的行为中了。事实上，时装设计师、百货公司以及新闻出版商都在加紧努力，赞扬巴黎时尚的优点并刺激需求（Volle，2011 年，23-45 页）。一切行动都有利于吸引并留住顾客：越来越精致的广告、通过商业目录进行的邮购销售、精心布置的展示橱窗、为百货公司设计的包装及日程表；在百代或高蒙[1]的新闻短片中展示时装系列，在欧洲和美洲进行国际巡回演出，在媒体上进行独家采访，参与美国电影以及为时装设计

[1] 百代、高蒙均为法国电影公司名称。——译者注

师举办的国际活动——诸如 1925 年举办的国际现代装饰艺术和工业艺术博览会和 1937 年在巴黎举办的艺术与技术国际博览会[1]等重大国际活动，它们对于打算在那里展示创造力的法国时装来说是必不可少的。正如沃尔特 · 本雅明所阐释的，展示、景观、消费戏剧化的理念是理解推广巴黎政策的核心。时尚并不是唯一的出口领域，它与文学、美术和音乐并驾齐驱。时装设计师们也与艺术家们关系密切：博瓦莱经常拜访安德烈 · 德兰、弗朗西斯 · 毕卡比亚和拉乌尔 · 杜菲；香奈儿与谢尔盖 · 迪亚吉列夫、让 · 科克托是朋友。巴黎希望成为辐射全球的文化艺术之都。

第二次世界大战削弱了巴黎作为时尚之都的地位。1939 年 9 月，当 90% 的时装店仍处于关闭状态时，法国政府提出“在和平时期不惜一切代价维持国家的经济活动，其中作为出口行业的高级定制，占据了首要位置”。美国设计师对巴黎时尚的态度以及法国出口市场的未来是巴黎高级时装公会担心的两个主要问题。因此，巴黎高级时装公会决定加倍努力“让国外觉得高级定制是一个有组织的行业，决心捍卫并维持其出口商品的流通”。然而，困难接踵而至：德军对工坊的搜查；巴黎生产因德国的征用而被削弱，从而造成劳动力和原材料短缺；

[1] 即 1937 年的巴黎世界博览会，全称为“Exposition internationale des arts et des techniques appliqués à la vie moderne”，现代生活的艺术与技术国际博览会。——译者注

1940 年 8 月政府又出台了国际贸易禁令。在德占时期[1]，时尚成为经济和文化的战场（Veillon，1990 年，第 357 页；2014 年）。在经济层面，德国人的目标是抢占法国的生产业。在文化层面，巴黎在世界时装界的霸权地位受到质疑。很快，巴黎高级时装公会主席吕西昂 · 勒隆意识到德国人希望看到法国高级定制消失。1940 年 8 月初，他得知巴黎高级定制“将被整合到一个总部设在柏林和维也纳的德国组织中”，并且设计师们将从巴黎被运送到柏林和维也纳，而法国的工坊将为柏林和维也纳的工坊提供专业化的劳动力（《1940 年 7 月到 1944 年 8 月的法国时装》，PC/18，第 68 号报告，发表年份不详，高级定制和时尚联合会档案）。希特勒想让柏林成为时尚之都，这体现出时尚在元首的地缘政治中占据中心地位，并被视为构成元首影响力的重要因素。1940 年 11 月，勒隆回复德国人：法国的高级定制无法迁移，“它要么在巴黎，要么不复存在”，因为远离巴黎及其氛围的话，设计师们将无法创作（Kurkdjian，2020 年 b）。

巴黎解放时，其时尚地位岌岌可危，首先是因为不满足恢复高级定制的物质条件，其次是因为意大利、美国和英国的其他时尚之都试图“取代巴黎”（Wilcox，2009 年；Saillard 和 Bosc，2014 年）。巴黎正试图通过增加商业和法律举措来对抗欧洲其他国家的时尚之都的

[1] 第二次世界大战期间，法国部分地区被德军占领，法国进入长达四年（1940—1944 年）的德占时期。其间，法国西部和北部的占领区处于纳粹德国的军事管辖内，法国南部未被占领的地区被称为“自由区”。——译者注

崛起。为了给法国互助协会筹集资金，巴黎高级时装公会组织了一个人偶展览，由巴黎时装设计师们来装扮人偶。这个项目计划借此次活动来推广巴黎的创造力，并表明它没有失去原有的光彩。该活动名为“时尚剧场”，于 1945 年 3 月开幕，展会上 180 个人偶展示了雅克 · 法斯、马赛尔 · 罗莎、吕西昂 · 勒隆、克里斯托瓦尔 · 巴伦西亚加和皮埃尔 · 巴尔曼设计的服装（Veillon，1990 年）。多达 10 万名参观者见证了设计师们希望忘记物资短缺并展望未来的愿望。展览从 1945 年 9 月开始巡回展出——包括巴塞罗那、苏黎世、哥本哈根（女王出席）、伦敦（女王出席）、斯德哥尔摩（瑞典王子出席）和维也纳，随后在 1946 年的春天去到纽约、波士顿、芝加哥、洛杉矶、布宜诺斯艾利斯、蒙特利尔和旧金山。这些展出地点并非微不足道：法国高级定制的大部分买家都在这些城市，它希望借此机会重新征服美国市场。这种旨在将巴黎声望恢复到战前的向外活动在 20 世纪 50 年代继续进行。根据《今日晚报》1945 年 9 月的报道，在“时尚剧场”之后，公会组织的所有展览都旨在“清楚地表明他们（时装设计师）保留巴黎‘时尚之都’称号的意图，而人们正想方设法从它身上夺走”。该报道称，当时的情况令人不安：一群（美国）纽约设计师正计划创作一些新样式并让优雅的美国女性接受它们，与此同时在（英国）伦敦，一切活动都旨在推广纯正的英国时装和摄政街的设计师们。

巴黎高级定制时装的复兴在很大程度上要归功于设计师皮埃尔 · 巴尔曼、于贝尔 · 德 · 纪梵希和克里斯汀 · 迪奥。1947 年 2 月，迪奥展示了他那在此后被称为“新风尚”的系列：花冠系列。之所以如此命名该系列，是因为由 14 米长的面料制成并衬有薄纱的裙子与贴身的紧身胸衣形成对比，突出了纤细的腰身及胸部。这种类型的服装与当时配给制下的经济服装形成了鲜明对比。迪奥主张回归装饰时尚，历史学家们因此将这一时期称为巴黎高级定制的第二个黄金时代（Wilcox，2009 年）。作为高级定制复兴的象征以及对巴黎过往奢华的反映，该系列也希望代表一种未来的新型审美：女性气质至上。“新风尚”在时尚媒体上大受欢迎，但也因奢侈而受到诋毁，被认为是对法国紧缩政策的侮辱。尽管受到批评，“新风尚”还是取得了成功，因为它让法国时装重新获得了主导地位。全世界——或者几乎全世界——都表达了对“新风尚”的看法，并意识到巴黎时装永存。

此外，高级定制界迈出了非常重要的一步：1945 年 1 月 23 日，“高级定制”一词成为受法律保护的名称，是专为巴黎设计师保留的。它按照为客户量身定制的独特版型制作，区别于大规模生产的成衣。从事“高级定制”行业的时装品牌必须根据客户的要求制作定制服装，包括在人体模型或客户身上粗缝、进行一次或多次试装。这些定制版型用于品牌自己重复利用或出售给其他公司以进行复制。当“高级定制”成为一种受监管的原产地名称时，巴黎致力于确立其高级定制行业的排他性。如果不符合上述标准且没有被政府指定为“高级定制”，那么在当时没有人可以自诩从事“高级定制”行业——直到现在也没有人可以这样做。“高级定制”这个名称仅存在于法国，其强化了巴黎作为高级定制之都的地位。它代表着一种标签、一种品牌形象和一种质量保证，被授予给某些以技术性和工艺著称的时装品牌。今天，认证一个品牌为“高级定制”的主要标准包括必须手工缝制定制服装，在品牌自己的工坊内完成制作（生产连衣裙和半裙的裙装工坊与套装工坊分开），工坊至少拥有 20 名雇员（应包括刺绣工艺人和羽毛工艺人等），每年举办两次、至少展示 25 套新款时装的时装秀。

20 世纪下半叶，法国时尚面临新的社会和经济挑战。在 20 世纪 60 年代，高级定制时装开始走下坡路，成衣则蓬勃发展，设计师不得不适应成衣制作这种新的生产形式，这也体现出一种实实在在的风格转变（Sirinelli，2007 年；Veillon，2008 年）。当夏帕瑞丽、罗莎和巴伦西亚加等战前时装设计师关闭他们的时装商店时，其他更倾向于发展成衣的人物出现了。于贝尔·德·纪梵希于 1952 年开设了自己的时装店，旨在提供一种易于穿着、优雅且价格合理的时尚服装。他先是在高级定制领域享有盛名，随后在 1968 年凭“纪梵希新一代商店”进入成衣领域。同一时期，1957 年在克里斯汀·迪奥去世后，年轻的时装设计师伊夫·圣罗兰接替了他，此后与皮埃尔·贝尔热一起创建了自己的品牌。伊夫·圣罗兰于 1962 年推出了第一个时装系列。随后，从 1965 年的蒙德里安连衣裙到 1966 年的吸烟装，再到 1968 年的撒哈拉狩猎夹克，伊夫·圣罗兰以独创性和回应女性新愿望的方式在时尚界脱颖而出。在 1966 年，他推出了伊夫·圣罗兰左岸，这是一个成衣系列，由他同期生产的高级定制式样演变而来（Benaïm，2018 年；

Grumbach，2017 年）。与此同时，三位前卫派人物出现了：安德烈·库雷热、皮尔·卡丹和帕科·拉巴纳。他们以太空时代风格在成衣界崭露头角，使用金属、皮革、塑料等创新材料设计出更适合年轻人的时装。那时，成衣界出现了一种新形象：创意设计师。创意设计师不再仅仅通过确定未来时尚的风格来为某个制造商匿名工作，而是以独立设计师的身份自成一派。艾曼纽尔·卡恩、丹尼尔·赫克特、索尼娅·里基尔是其中的先驱，紧随其后的是蒂埃里·穆格勒和让·保罗·高缇耶，他们成为兼具时髦和创意的代表人物。

随着成衣前所未有的发展，有序组织该行业变得至关重要。巴黎高级时装公会主席雅克·穆克利和皮埃尔·贝尔热提出将两个行业合并，即将高级定制和奢华成衣整合为一个整体。1973 年，他们创建了法国高级定制和时尚联合会，汇集了成立于 1868 年的巴黎高级定制公会、新成立的高级成衣及时尚公会、男士时尚公会。联合会不仅努力将时尚行业的两面整合为一体，还负责创建官方时装秀日程，邀请记者和买手前往巴黎参加时装秀，在美国、中国、巴西甚至澳大利亚组织国外时装秀，以此来增强其国际影响力（Zajtmann，2014 年，第 17 页）。

虽然联合会确保了行业的统一，但法国时尚产业存在着品牌明显细分的利害关系，这些品牌分布在国际权重不断增加的各奢侈品集团中。在奢侈品全球化和金融化的新背景下（Lipovetsky，1987 年），奢侈品牌不再是单独的手艺工坊，而是隶属于国际化的奢侈品集团。

这一过程始于 20 世纪 80 年代，见证了在证券交易所上市的金融和工业集团的兴起，这些集团由多个奢侈品行业的多个品牌组成。路易威登酩悦轩尼诗（LVMH）集团成立于 1987 年，现由贝尔纳 · 阿尔诺领导，旗下拥有路易威登、迪奥、纪梵希、思琳、马克 · 雅克布等 60 多个品牌。开云集团，前身为皮诺 – 春天 – 乐都特集团，成立于 1962 年，并于 1988 年进入法国 CAC 40 指数[1]，目前由弗朗索瓦 – 亨利 · 皮诺管理，旗下品牌包括古驰、圣罗兰、巴黎世家、亚历山大 · 麦昆和丝黛拉 · 麦卡妮。历峰集团成立于 1988 年，旗下拥有蔻依和阿莱亚品牌。普伊格成立于 1914 年并在 20 世纪 80 年代发展壮大，目前拥有莲娜丽姿和帕科 · 拉巴纳品牌，它也是让 · 保罗 · 高缇耶品牌的大股东。

自 17 世纪以来，时尚已经发展成为法国影响海外的重要元素。它成功地适应了 19 世纪和 20 世纪的经济和社会变迁，并通过接纳奢华成衣来适应时尚的民主化。与此同时，它的霸权地位开始受到英国时尚的挑战。

[1] CAC40 指数（CFD 代码：FRA40）是法国股市的基准指数，由泛欧交易所（此前称为“巴黎证券交易所”）以其前 40 个上市公司的股价编制而成。——译者注

“摇摆伦敦”[1]或英国式反成规

在 19 世纪，伦敦特别是萨维尔街地区，因在男士套装剪裁方面的技巧而广受认可（Sherwood, 2010 年）。纺织品的质量与对裁剪的研究，使英国首都成为自 18 世纪以来奢华男士时尚的标杆。伦敦在法国乃至整个欧洲的影响力越来越大，尤其是当地花花公子的形象——从布鲁梅尔到巴贝·多尔维利，再到巴尔扎克。如果说巴黎是女性时尚之都，那么伦敦则是男性时尚之都，但这并不意味着法国仍然对英式风格无动于衷，恰恰相反，在 18 世纪，英式风格以标志性的自然和简约极大

[1] 摇摆伦敦又称“摇摆的 60 年代”，适用于 20 世纪 60 年代在伦敦蓬勃发展的时尚和文化场景。这是一个奉行乐观主义和享乐主义的时期，也代表着一场文化革命，强调年轻、新潮、现代。——译者注

地影响了法国时尚。英式连衣裙的影响特别突出，那是一种腰部合身并带有长裙尾的连衣裙，凡尔赛和巴黎的女人会穿着它。当然，巴黎集中了“最好的时尚”；但我们注意到，在这一时期，这座时尚之都已经开始受到外国的影响。第一次世界大战后，诺曼·哈特内尔和哈迪·艾米斯（Amies，1984 年）等英国时装设计师试图在女性时尚界确立自己的地位，并从巴黎的影响中解放出来。诺曼·哈特内尔于 1923 年在伦敦开设了时装商店（Kennett，1985 年）。他以礼服和晚礼服著称，为费雯·丽、玛琳·黛德丽、伊丽莎白·泰勒等女演员以及贵族设计服装，就连女王伊丽莎白二世也是他的主顾。在此之后，一直到第二次世界大战结束，英国的时尚产业才得以发展起来。1945 年，英国仍在执行服装配给计划，即实用服装 CC 41 标准，直到 1949 年才结束（Summers，2015 年），其目的是：让伦敦成为世界女性时尚的中心，就像它长期以来一直是男性时尚的中心一样。

英国知道，要确立伦敦在创意层面的地位，必须加强结构组织以支持其时装行业（Bide，2020 年），特别是要更加重视 1942 年 1 月 6 日参照巴黎高级时装公会创建的伦敦时装设计师协会（Waddell，2001 年）。1946 年，伦敦时装设计师协会判断，英国纺织工业在经历战争剥夺后“重新获得了活力和灵感”（《英国时装计划》，载于《纽约时报》，1945 年 9 月 28 日，第 18 页），于是在外国买家面前组织了一次时装展，展示了英国设计师的 300 个款式。其目的是展示出英国最负盛名的时装品牌们的团结，以鼓励买家购买它们的时装，并使伦敦成为“世界领先的时装出口中心”（《英国设计师开放出口展》，载于《纽约时报》,1946 年 1 月 31 日,第 18 页;《英国设计师渴望出口》,载于《纽约时报》，1946 年 3 月 6 日，第 23 页）。“时尚专家们”随后表示，他们坚信，当伦敦设计师解决了劳动力和原材料短缺的问题后，伦敦将走在时尚产业的前沿。1948 年，与伦敦时装设计师协会不同的另一个组织——伦敦模特公司集团成立，它代表 14 家英国成衣公司，负责组织这些公司的时装秀和国际出口战略。1958 年，它更名为伦敦时尚公司集团（Ehrman，2010 年）。最终，在 1959 年，组织英国设计师作品展示活动的想法被提出，其随后成为伦敦时装周的鼻祖。该展示活动旨在发展主要出口美国的英国成衣出口业。活动先展出了由伦敦时尚公司集团的 18 位服装商提供的 12 件成衣作品，随后为主要来自美国和加拿大的买家组织了单独展示——重要的是将英国成衣引入彼时成衣业正蓬勃发展的美国。该举措似乎取得了成果，因为在 1959 年 5 月 25 日的发布会上，媒体和美国买家向极具英伦风格的时尚展示方致敬, 这种方式不仅“如画般”美好, 还包含身体动作和手势。

如果说英国时尚是在第二次世界大战之后建立起来的，那么直到 20 世纪 50 年代末尤其是 20 世纪 60 年代，伦敦才将自己作为巴黎的强大竞争对手，凭借创新的时尚和设计师“彻底改变”了时尚和生活方式，为年轻人创造了更加实用、多彩和富有新意的时尚（Breward、Ehrman 和 Evans，2004 年；Lister，2019 年）。设计师玛丽 · 奎恩特[1]可能是其中最著名的一位。她的成功（1967 年，其产品在全球的销售收入为 1 400 万美元）基于一个简单的理念。作为年轻人，她讨厌紧身胸衣和细高跟鞋的女性穿着方式，并认为年轻人“应该看起来像年轻人，而不是像老年人”。她的所有系列都基于这种“年轻”原则来设计，充斥着“摇摆伦敦”的文化和艺术氛围——以披头士乐队、音乐和夜总会为代表。此外，她相信一种能够被大多数人拥有的廉价时尚，主张大量生产并定期更换的时装模式，拒绝以高价获得并终生保留的巴黎高级时装模式（《玛丽 · 奎恩特, 反常规成功故事》, 载于《纽约时报》，1967 年 3 月 19 日）。1955 年，她在国王路开设了一家名为芭莎的商店，在那里她很快就卖掉了自己设计的服装，这些款式在当时被认为是古怪的：方便活动和坐下的彩色针织超短连衣裙、五颜六色的丝袜、高筒靴、雨衣、贝雷帽等，它们形成了伦敦风尚。除了每年推出 22 个系列，她还萌生了向英国、荷兰、德国、南非、澳大利亚和美国制造商发放许可证的想法，授权他们生产和销售玛莉官品牌连衣裙、运动服、大衣、雨衣、内衣、丝袜、鞋子、化妆品、香水和皮草。奎恩特提供的不仅仅是一种时尚，还是一种看待事物和“按自己意愿生活”的方式，并且她希望将此理念传播到世界各地。在英国版 *Vogue* 杂志看来，这是一个成功的赌注，因为 1960 年“世界突然想要复制我们的风格。在纽约，这是‘伦敦风尚’。在巴黎，它是‘英

[1] 其同名品牌的中文名为玛莉官。——译者注

式风格'"。伦敦随后将自己定位为年轻前卫时尚的首都，毫不犹豫地表达了与巴黎竞争的愿望。1960 年 1 月 15 日，几位在法国首都巴黎展示新系列的英国时装设计师在《纽约时报》上解释，他们"将把战争和他们的'花呢风格'带到敌人的土地——巴黎"，使用挑衅的词汇毫无疑问是想表明他们企图赢得全球时尚领导地位的强烈愿望。

在 20 世纪 70—80 年代，伦敦时尚继续因反常规而大放异彩。朋克运动在 1975 年至 1980 年达到顶峰，当时正值"辉煌三十年"[1]末，失业率攀升，伴随着石油危机。起初，朋克运动作为一种意识形态和政治诉求出现，与 20 世纪 70 年代嬉皮士推崇的和平与爱背道而驰。音乐是他们的主要表达方式之一。朋克运动的标志是约翰·里顿和席德·维瑟斯领导的"性手枪"乐队。雷蒙斯乐队、冲撞乐队和死肯尼迪乐队紧随其后。时尚是这些音乐家的第二种表达方式：与消费社会相对立，他们回收衣服来创造自己的时尚。他们的风格特点源自摇滚青年的皮夹克，他们在上面加上徽章、自行车链、饰钉、安全别针、骷髅头图案、象征无政府状态的 A 字母和国旗图案。他们的审美以自制、定制、反工业化为特征，被称为"颓废审美"。这与 20 世纪 80 年代的时尚完全相反，当时的服装界推崇炫耀和金钱[2]、对身体的崇拜、美

[1] 辉煌三十年：指第二次世界大战结束后，法国在 1945—1975 年这段时间的历史。在这 30 年间，法国经济快速增长，并建立起高度发达的社会福利体系。法国人重新拥有了当时世界最高生活水准，工资大幅上升，许多农村人口迁移至都市，法国进入城市化社会。1973 年石油危机爆发后，法国经济增长减缓，"辉煌三十年"随之结束。——译者注

[2] 20 世纪 80 年代是推崇炫耀、金钱和过度消费的年代。经济学上将当时的消费习惯称为炫耀性消费。——译者注

黑和极端的妆容，以及繁复。朋克青年们穿着带有震撼性信息的破洞T恤。他们甚至重新启用了某些服装，例如18世纪苏格兰与英格兰统一时在苏格兰禁止使用的格子花呢——这项禁令旨在消除苏格兰身份的痕迹，格子花呢是其代表之一。朋克青年们将这种重新使用行为视为反叛的象征。设计师维维安·韦斯特伍德在参与这项运动的同时也普及了这项运动：1971年，她与马尔科姆·麦克拉伦一起在国王路开了一家商店，在那里她为“性手枪”乐队提供服装，并出售苏格兰短裙和格子花呢服装。

20世纪70—80年代的运动提高了伦敦作为前卫之都的声誉，但直到20世纪90年代，英国在奢侈时尚方面的创造力才在约翰·加利亚诺、亚历山大·麦昆和侯塞因·卡拉扬的影响下重新焕发活力。正如《纽约时报》在1982年所解释的那样，“世界各大时尚中心的相对位置在过去一年中重新经受了一些评估。（……）伦敦在20世纪60年代排名第二，仅次于巴黎，它一直保持沉默，但可能正在回归。当近十年年轻时尚大爆发引起的兴奋浪潮平息后，一些设计师似乎不知道该转向何方。但许多人现在正在回归英国时尚的基本商品，比如优质羊毛服装和经典针织品”（《设计中心：新思想和旧主题》，载于《纽约时报》，1982年12月28日）。1984年3月20日，《纽约时报》对英国的复兴赞不绝口：“英国时尚界从20世纪60年代以来的沉睡中苏醒，正在吸引越来越多的访客、无名氏、实验性设计师和知名品牌。事实证明，英国时尚界找到了最好的代言人——首相玛格丽特·撒切尔。”必须说，自 20 世纪 80 年代初以来，英国时尚已经井然有序。1983 年，英国时装协会成立，其前身为 1981 年成立的时尚产业行动集团。正如（法国）巴黎高级时装公会和意大利国家时装商会一样，英国时装协会旨在推广英国设计师并发展伦敦在国际时尚领域的地位。1984 年，它特别创办了伦敦时装周，设置了英国时装奖，该奖项奖励的首名设计师是凯瑟琳·哈姆内特。五年后，英国时装协会将这一奖项扩大到几个不同领域，在盛大的仪式上颁奖。

不过，在 20 世纪 60 年代，伦敦并不是欧洲唯一一个成为时尚中心的城市。在阿尔卑斯山的另一边，意大利正在组织自己的时尚产业，将自己的城市打造为一个新的时尚之都。

通过工艺推广崛起的意大利

意大利的时尚源于与纺织相关的古老工艺，主要涉及蚕丝和羊毛加工，也涉及皮革生产。从 15 世纪中叶开始，这些工艺得到作为商人和赞助人的第一代美第奇族人[1]的支持。在文艺复兴时期，佛罗伦萨地区建立起强大的专业工坊网络，特别是丝织工坊。米兰、威尼斯和罗马也集中了大量的纺织品贸易活动，并大量出口纺织品到欧洲。以

[1] 美第奇家族是 15—18 世纪中期在欧洲拥有强大势力的佛罗伦萨的名门望族。美第奇家族是医师起家的金融家族（如其名“Medici”），其财富、势力和影响源于经商、从事羊毛加工以及在毛纺织业同业公会中的活动。真正使美第奇家族发达起来的是金融业务。美第奇银行是当时欧洲最兴旺和最受尊敬的银行之一。美第奇家族以此为基础，逐步走上佛罗伦萨、意大利乃至欧洲上流社会的巅峰。在这一家族中曾产生四位教宗、多名佛罗伦萨统治者及托斯卡纳大公、两位法兰西王后，以及其他一些欧洲王室成员。——译者注

这些面料和技术制成的意大利时装通常十分华贵，饰有锦缎[1]、缎带和珠宝。16 世纪中叶，凯瑟琳 · 德 · 美第奇在推广意大利工艺和意大利时尚物品的过程中发挥了重要作用。出生于佛罗伦萨的她于 1533 年嫁给了未来的法国国王亨利二世，并毫不犹豫地在法国宫廷宴会上使用意大利的时尚品如扇子、喷了香水的手套和高底鞋。意大利制造商们大量生产的高质量丝绸在整个欧洲得到认可。到了 17 世纪末，他们面临来自法国的竞争——在让 - 巴蒂斯特 · 科尔贝的推动下，数家丝绸工坊在法国里昂建立。随后在 19 世纪，受工业化的影响，意大利的手工作坊转型为公司，并试图在欧洲兴旺发达，却遭遇了里昂丝绸制造商的挑战，后者在欧洲声名鹊起并不断壮大。直到 20 世纪下半叶，意大利纺织工艺才被构建成一个蓬勃发展的时尚产业。

在 20 世纪 50 年代的关键转折点出现之前，一些时装设计师和实业家试图发展纯正的意大利时装业，独立于巴黎。他们的努力包括为该国古老的手工艺遗产赋予价值以及扩大其在国际舞台上的声誉。此时，时尚已经是意大利重视并试图脱颖而出的一个领域。设计师罗莎 · 杰诺尼在这一尝试中发挥了重要作用，她从意大利文艺复兴时期的品味中获得灵感，创造出“独立于巴黎高级时装及其奢华风格的意大利服装”（Belfanti，2014 年，第 321 页）。1906 年，她在米兰世界博览会上展出了她的服装款式，还获得了评审团大奖。她的成功引

[1] 锦缎是一类装饰丰富的丝织物，通常用彩色丝线制成，有时也用金线和银线制成。——译者注

导一个支持“纯粹意大利艺术时尚”的团体于 1909 年诞生。与此同时，在威尼斯，马里亚诺·福尔图尼的创作风格新颖且技艺精湛，他特别受到古希腊长袍的启发（Grossiord，2006 年）。他的才华如此过人，以至于普鲁斯特也在小说《追忆似水年华》中让德·盖尔芒特夫人成为他的忠实客户（D’Annunzio，2019 年，第 96 页）。在罗马，设计师玛丽亚·加伦加在 1925 年的国际展览会上脱颖而出；而在佛罗伦萨，化名为塔亚特的埃内斯托·米歇尔斯在 1918 年到 1925 年与法国设计师玛德莱娜·维奥内展开合作，其因源自未来主义几何学的创作而出名。与此同时，福尔图纳托·阿尔巴内塞和莉迪亚·德·里古罗通过发表文章和评论来发展所谓的真正的意大利时尚，他们认为优雅和品味不是巴黎的特权。两人都呼吁建立一个时尚联盟，该联盟于 1932 年在墨索里尼的法西斯政权下成立。墨索里尼认为这是一种理想的宣传手段，并创建了国家时尚永久展示自主机构。该机构在都灵成立，于 1935 年更名为国家时尚机构（ENM），参考巴黎高级时装公会的模式，旨在支持意大利时尚并在国际舞台上推广具有意大利特色的本国产品。在墨索里尼的统治下，该机构以“纯正”的意大利品味发展时尚并反对巴黎风格的意图具有强烈的意识形态和地缘政治维度。其在这方面的举措有很多，如监督意大利时装设计师、组织华丽的时装秀、没有任何法语单词的时尚词典编撰项目（Paulicelli，2004 年；D’Annunzio，2019 年，第 97 页），到了 1939 年甚至推出意大利制造时装的强制性标签，以保证其意大利属性（D’Annunzio，2019 年，第 98 页)。然而，这些严厉的措施忽略了一个事实，即大多数贴有此标签的服装灵感都来自巴黎，甚至是巴黎款式的复制品。

如果说法西斯主义在创造民族时尚的尝试中留下了印记，那么可以说，这种纯粹意大利时尚的理念在第二次世界大战后继续在时装设计师中流行。得益于设计师们的作用，这一理念被具体化。这些设计师包括米科尔、佐伊和乔万娜·丰塔纳姐妹（罗马，1943 年)，费尔南达·加蒂诺尼（罗马，1945 年)、艾琳·格拉辛（罗马，1946 年)、西蒙内塔·维斯孔蒂（罗马，1946 年）和杰尔玛娜·马鲁切利（米兰，1932 年，1945 年重新开放）(Caratozzolo，2008 年)。诚然，战后不久，这些意大利女装设计师获得了新的国际知名度——因为战时被占领的巴黎在时尚方面的影响力有所衰退，但这并不是唯一的原因。他们的才华也让他们获得认可，而且他们拥有一个绝佳的优势：意大利拥有大量专门生产羊毛料、丝绸、棉布和亚麻布的优质纺织厂，遍布全国各地，如托斯卡纳、威尼托、皮埃蒙特和伦巴第。意大利时尚创作的成功使得数位意大利设计师被美国媒体青睐，如 1947 年获得内曼马库斯奖的萨尔瓦多·菲拉格慕；埃米利奥·璞琪是 1948 年 *Harper's Bazaar* 的一篇文章的主题人物，杰尔玛娜·马鲁切利则是 1950 年被《女装日报》赞誉的主角（Belfanti，2014 年，第 324 页)。从 1950 年开始，许多美国电影轮番在成立于 1937 年的罗马奇尼奇塔电影城拍摄，这在美国人“发现”意大利设计师的过程中也发挥了决定性作用：前来拍摄的女演员在发现一些新颖的风格后，采用它们并将它们展示给观众。

意大利设计师也变得越来越引人注目，因为意大利时尚界决定变得有组织性（White，2000 年，第 36 页；Gnoli，2001 年）。意大利时装业的结构涉及私有组织和公有组织，早在 1945 年，这些组织就呼吁发展真正的意大利时尚（Giangirolamo，2017 年）。战后，国家时尚机构的命运引发了问题，问题不仅与国家时尚机构重组有关，还与其在意大利的地理位置有关。罗马表示希望接纳国家时尚机构，这引起了都灵的反对，都灵称皮埃蒙特地区拥有悠久的纺织工业和手工艺传统，因此希望拥有国家时尚机构。面对这种矛盾的局面及国家时尚机构未来的不确定性，都灵率先决定在 1945 年 12 月创建自己的组织：时尚机构。米兰迅速响应这一举措，于 1948 年创建了意大利时尚中心，以促进和保护米兰时尚的利益。1949 年，罗马商会宣布，它希望为意大利时尚建立一个统一的监管机构，即罗马时尚委员会，因为在意大利首都应有支撑时尚产业的必要的金融机构。这一决定引起了都灵和米兰的不满，它们与罗马分道扬镳。面对这些分歧，意大利政府决定进行干预，于 1951 年 2 月 17 日予以都灵的时尚机构法律认可。

而在五天前，也就是 1951 年 2 月 12 日，一个来自佛罗伦萨高级定制时装界的倡议改变了意大利时尚的格局（Pinchera 和 Rinallo，2017 年）。乔瓦尼 · 巴蒂斯塔 · 乔吉尼是一位为美国百货公司购买意大利高端手工艺制品的佛罗伦萨买手。当时佛罗伦萨被认为是意大利手工艺传统中心和意大利出口美国纺织品的摇篮，他在这里呈现了意大利的首场时装秀，汇集了数位高级定制时装设计师，并且只展示“只有意大利灵感的服装”（Fayald, 1976 年）。正如《纽约时报》所解释的，当时举办时装秀的目的是通过意大利设计师展示纯正的意大利产品，为其开辟出一条通往国际女装市场的道路。卡罗萨、法比亚尼、西蒙内塔·维斯孔蒂、埃米利奥·舒伯斯、丰塔纳姐妹、乔尔·韦内兹阿尼、瓦娜、维塔·诺贝拉斯科和杰尔玛娜·马鲁切利负责高级定制，埃米利奥·璞琪、阿沃里奥、岛屿织女和米尔萨负责成衣，这次时装秀共展出了 180 款服装。乔吉尼成功将《女装日报》和《纽约时报》的记者以及古德曼百货公司和 B·奥特曼百货公司的美国买手聚集在一起。这一活动在 1952 年再次举办，并取得了成功。一些记者将其视为意大利时尚从巴黎独立出来的宣言，即使巴黎时尚直到 20 世纪 60 年代仍是世界各地效仿的典范。然而，正如《纽约时报》在 1952 年 1 月 29 日解释的那样，尽管意大利的时装秀取得了成功，但佛罗伦萨能否取代巴黎成为时尚中心仍然存疑：“法国和意大利的时尚产业各自发展，每个人都有自己的创作空间，意大利也发挥了作用。但巴黎永远是巴黎。”*Harper's Bazaar* 的编辑卡梅尔·斯诺也表示，虽然意大利设计师在纺织原料和色彩的使用上非常出色，但“真正的设计创意，还是得看巴黎”。

意大利创作的觉醒植根于佛罗伦萨的风土及其历史（尤其是文艺复兴时期），它们既渗透进邀请函的视觉设计，又渗透进乔吉尼时装秀举办前后的古老服装展览和历史服饰秀（Belfanti，2014 年）。文艺复兴时期是意大利品味影响整个欧洲的时代，意大利拥有文艺复兴及古老技艺的文化艺术承袭，这些有关衬衫、针织衫和长袜的制作技艺直到 19 世纪都还在不断发展，也在日后形成了该国时尚产业的 DNA。这种传承就像对百年来意大利创作中的艺术特征的保证（Belfanti，2014 年，第 318 页）。20 世纪 50 年代意大利时尚的另一个特点是：其定位介于高不可攀的巴黎高级时装和低端成衣之间，这种模式只能吸引自 20 世纪 20 年代以来一直是运动装迷的美国顾客。

1952 年时装秀的成功解释了为什么在 1953 年都灵的时尚机构向乔吉尼提出与佛罗伦萨联手，以构成这两个城市之间的意大利时尚吸引力中心，并将罗马和米兰排除在外。作为回应，意大利高级定制时装公会（SIAM）在意大利首都罗马成立，呼吁将意大利时尚集中在罗马，就像当时法国时尚集中在巴黎一样。对于罗马商会来说，情况很简单：必须展示统一的面貌来吸引外国客户和买手，并确保他们的逗留尽可能简单和有吸引力……这些目标只有在罗马——意大利的政治和经济首都——可以达到。意大利城市的这种狭隘主义也体现在时尚品牌层面，在罗马和佛罗伦萨举行时装秀的品牌之间存在分裂。意大利时尚的两极地理分布似乎正在形成。1958 年，罗马和佛罗伦萨时尚界正式和解，以巴黎高级时装公会为模型创建了意大利高级时装公会（Giangirolamo，2017 年）。然而，佛罗伦萨、罗马和都灵之间的冲突和对立并没有消失，直到 1962 年，罗马和佛罗伦萨的商会会长齐聚一堂，创建了意大利国家高级时装公会并赋予其坚实的基础和官方角色，意大利城市在时尚领域的分裂才结束——在此之前，每个城市都试图成为“时尚之都”（Giangirolamo，2017 年，第 42 页）。城市间的不和持续存在，但它们为扩大意大利在国际上的影响力提供互补性服务：佛罗伦萨的“精品时尚”，即优质成衣；罗马的“奢侈时尚”；米兰的纺织业以及都灵的服装业。

在 20 世纪 60 年代，意大利又受到了已经在英国盛行的年轻化之风的影响。米兰新开的前卫精品店引发了意大利时尚的复兴，其围绕着一个新形象：创意设计师。创意设计师参与服装的创作和销售的全过程，从面料的选择到产品的媒体报道，其整个系列都渗透了个人“风格”。沃尔特·阿尔比尼是最早在意大利确立自己创意设计师地位的人之一（Belfanti，2014 年，第 328 页），紧随其后的是瓦伦蒂诺·格拉瓦尼、奥塔维奥·米索尼（1953 年其凭借针织衫设计确立身份）、乔治·阿玛尼和乔瓦尼·范思哲。他们让意大利女装（然后在 1969 年让意大利男装）增加了在国际舞台上的影响力。瓦伦蒂诺先后在巴黎高级时装公会学院和让·德塞、盖伊·拉罗什的时装工作室学习，并于 1959 年在罗马开设了他的高级定制时装商店。1969 年，他选择了红色作为自己最喜爱的颜色，为杰姬·肯尼迪设计了婚纱，从此确立了世界上最著名意大利时装设计师的地位，其风格被专家格拉利亚·邓南遮描述为巴黎风情与罗马美学和传统的结合（D’Annunzio, 2019 年；Chiitolina 和 Tyrnauer，2009 年）。阿玛尼于 1961 年至 1970 年在尼诺·塞鲁蒂的门店担任创意设计师，于 1974 年创立了自己的男装品牌，并于 1975 年推出了女装款式。作为经典时尚风格的领导者，他在为好莱坞演员设计服装——尤其是 1980 年《美国舞男》中男演员穿的服装后闻名于世。乔瓦尼 · 范思哲于 1978 年在米兰创立了自己的品牌。他在 20 世纪 80 年代以新颖且“华丽”的创作闻名于世。在这一时期，意大利设计师们选择在米兰举行时装秀，米兰实际上已成为意大利的时尚之都，巴黎新的竞争对手。在 20 世纪 70 年代，米兰是意大利的经济之都，同时也是具有强大工业和文化吸引力的中心，从而成为推广意大利时尚的最佳资源地。

在 20 世纪 80 年代，意大利时装主要凭莫斯奇诺（1983 年，米兰）等品牌的创作脱颖而出。多梅尼科 · 多尔切和斯特凡诺 · 嘉班纳于 1986 年发布了他们的第一个系列。他们的风格结合了印花、内衣和紧身胸衣的设计，其特点是性感和炫耀性。该品牌在当时取得了巨大的成功。他们为明星设计服装，从麦当娜到惠特尼 · 休斯顿再到凯莉 · 米洛。在 20 世纪 90 年代，意大利出现了普拉达等公司，这些公司打算通过拥有多个品牌来与 LVMH 集团和开云集团竞争。普拉达于 1913 年在米兰成立，最初是一家皮具公司，之后在 20 世纪 80 年代将业务多元化，转向了成衣，然后是鞋履、香水，并组建起奢侈品集团。同样的，作为皮具精品店于 1922 年创立的古驰在 20 世纪六七十年代扩张并逐渐国际化，在 20 世纪 80 年代经历缓慢衰落，20 世纪 90 年代在汤姆 · 福特的领导下复兴。与范思哲一样，古驰体现了华丽、性感的意大利设计风格，擅长色情时尚[1]。1999 年，古驰被法国奢侈品集团 PPR 收购——此后该集团更名为开云集团。

欧洲并不是第二次世界大战后出现与法国竞争时尚之都之地的唯一大陆。在大西洋的另一边，位于美洲的纽约在整个 20 世纪都在发展成为一个以美式风格为标志的时尚中心。

[1] 色情时尚或称“色情黄金时代”，是指美国商业色情蓬勃发展的 15 年（1969—1984 年），在这一时期，色情电影受到主流电影院、电影评论家和公众的广泛关注。——译者注

运动装：一种美式风格的诞生？

自 20 世纪初以来，美国一直是成衣发展的先驱，通过百货公司和邮购进行成衣分销。成衣的生产地位于纽约第七大道，以家庭作业为基础，大部分由来自欧洲的移民完成（Green，1998 年）。然而，成衣方面的这种进步并没有让纽约成为一个真正的时尚之都——城市成为时尚之都需要有自己的风格时装可以出口到国际并与巴黎媲美，此外，美国批量生产的许多作品只是巴黎款式的复制品（Stewart，2005 年）。从那时起一直到 20 世纪中叶，巴黎不断将其时尚规定出口到美国，而美国人狂热地相信巴黎设计师。即使这些设计师的设计并不总能为美国人所理解——例如，保罗·博瓦莱的裙裤和蹒跚裙那别出心裁的设计在 20 世纪 10—20 年代被美国人认为不适合穿着，因而不受欢迎——他们还是时尚大师。法国人很清楚这一点，并且在他们的美国巡回展览中毫不犹豫地提醒美国人这一点——为了在美国传播巴黎品味。博瓦莱于1913年征服了纽约，随后是1924年的让·巴杜。除了这些巡回展览外，美国人还通过阅读意识到巴黎在时尚界所扮演的关键角色：当他们阅读*Vogue*（1892年）、*Harper's Bazaar*（1913年）、《女装日报》（1910年）或《纽约时报》时，报刊上对巴黎时装展览的详尽报道都在提醒他们这一点。

1929年发生的大萧条限制了巴黎设计进口到美国，加上电影和好莱坞明星日益增长的影响力，以运动装为标志的服装风格载体改变了美国的时尚局面。一种明显的美国风格诞生了，多萝西·谢佛、克莱尔·麦卡德尔、伊丽莎白·霍斯、邦妮·卡辛、克莱尔·波特、哈蒂·卡内基和穆里尔·金等时装设计师使它成为现实（Deihl，2018年）。她们作为时装品牌的领导者，发明了个性化的服装款式，摆脱了对巴黎款式的简单模仿。波特是美国成衣发展的先驱，美国成衣更常见的名称是运动装或美式风格。波特从1930年开始设计优雅、实用的服装，比如沙滩裤和沙滩裙，但也有晚装。拒绝屈服于巴黎风格的麦卡德尔以为“职业女性”创作实用服装而与众不同。卡辛在设计时装前是制作舞台服装的，从1937年到1942年，她设计了阿德勒&阿德勒的成衣系列，阿德勒&阿德勒是一个著名的女性大衣和套装品牌。受过经济学、解剖学和缝纫教育的霍斯，于1928年至1940年创作了斜裁服装，这种服装的面料会随着女性身体动作而移动，并突出身体曲线。

有奥地利血统的卡内基于 1909 年开设了她的第一家衣帽店。20 年后，她推出了简约风格的成衣系列。金则以五颜六色、可协调互换的服装著称，这些服装可以从早穿到晚，不用换装，她还以为好莱坞设计的戏服著称。这些设计师的创举有助于提高纽约设计师的创造力，并在时尚集团（Fashion Group）中获得了支持。时尚集团是 1931 年由赫莲娜·鲁宾斯坦、伊丽莎白·雅顿、埃德娜·蔡斯、多萝西·协克和埃莉诺·罗斯福创立的，旨在支持女性在该行业的活动。

第二次世界大战的爆发中断了巴黎款式服装进口到美国。美国人发现，那时比第一次世界大战期间或大萧条期间更有机会推广独立于巴黎的时尚（Kurkdjian，2020 年 b）。一切都有利于抬高美国创作的身价。一些百货公司组织了美国款式的时装秀，还发起了广告宣传，比如古德曼百货公司的“全美系列”和富兰克林·西蒙百货的“美国天才”（Belfanti，2014 年，第 338 页），而时尚杂志如 *Vogue* 则以牺牲法国作品为代价，为美国设计提供了更多版面的报道。1941 年，纽约市政厅举办了为期两天的“纽约时尚未来节”，庆祝美国时尚人才的未来。公关人员埃莉诺·兰伯特在这项推广政策中起着至关重要的作用，她不断向所有美国报纸发送新闻稿和美国最新时尚作品的照片，以帮助它们大肆宣传该国的设计师（Rennolds Milbank，1996 年）。1943 年，她在一周时间里汇集了来自 *Vogue*、*Harper's Bazaar* 及其他国家媒体的记者，让他们发现、了解一些美国人才（包括克莱尔·麦卡德尔和哈蒂·卡内基在内），这便是纽约时装周的前身。1945 年，时装秀日程出现了（Nudell，2018 年）。同年，《纽约时报》在一篇题为“纽约——时尚之都”的文章中写道，纽约绝不能觉得自己像个“优雅的暴发户”，因为它的自然优势确实存在，对巴黎所拥有的没什么好羡慕的。这些优势需要被更好地利用，使纽约成为一个全球性时尚中心，创作出不服务于精英而是面向大多数人的设计，同时传播属于它自己的时尚和美学观。

到了解放巴黎[1]之时，尽管巴黎凭借克里斯汀 · 迪奥重回时尚前沿，但美国时尚的工业化生产的发展势头并未减弱，甚至蔓延至欧洲。可以说，法国在高级定制方面非常先进，在大规模生产方面却是落后的，以至于法国代表团从 1948 年起在马歇尔计划[2]的框架内组织到美国访问，以便法国服装制造商了解美国大规模生产技术并在法国复制它们（Grumbach，2017 年）。美国如此顺风顺水，使其意识到组织本国时装产业的必要性，于 1962 年成立了美国时装设计师协会（CFDA）。与巴黎高级时装公会一样，它是一个负责推广美国时尚的协会。CFDA 在积极支持美国设计师的同时，主要负责组织纽约时装周。

20 世纪 60 年代，一股解放之风和年轻人的新需求席卷而来，这有利于美国成衣的发展。比尔 · 布拉斯、杰弗里 · 比尼和罗伊 · 侯斯顿

[1] 解放巴黎：第二次世界大战中，盟军为从德国人手中夺回对巴黎的控制权而展开的战斗。战斗自 1944 年 8 月 19 日起，至 1944 年 8 月 25 日德国守军投降止。——译者注

[2] 马歇尔计划：官方名称为欧洲复兴计划，是第二次世界大战后美国对被战争破坏的西欧各国进行经济援助、协助其重建的计划，对欧洲国家的发展和世界政治格局产生了深远的影响。——译者注

是美国时尚产业的主要标杆人物。紧随其后的是拉夫·劳伦、卡尔文·克莱恩和唐娜·凯伦，他们在20世纪八九十年代享誉世界，是美国时尚大使。美国时尚被认为优雅却舒适，是美式生活方式的象征。美国时尚（不仅仅是衣服）与音乐、电影一样，旨在体现美国的某种理念，即一切皆有可能。例如，拉夫·劳伦品牌体现了自力更生的理念，客户群体从运动员到牛仔，还包括工人和常春藤盟校的学生。Polo衫、短裤、T恤、汗衫兼具别致和休闲，都反映了拉夫·劳伦理想（且幻想）中的美国：处于东部白人新教徒文化和西部牛仔文化之间。此外，他的服装具有特殊涵义：它们是象征美国式成功的服装，反映了创始人自己的职业生涯——他原名拉尔夫·利夫席兹，后来更名为拉夫·劳伦，本是俄罗斯犹太移民的儿子，出身平凡，后来通过创业成为一家跨国上市公司的负责人。

美国的服装主张与巴黎的截然相反，巴黎时尚主张优雅胜过实用，高级定制针对的是单一类别的人：精英。关于高级定制与成衣的两种对立的时尚观，更广泛地反映了两国各自希望作为时尚标杆向世界输出的两个流派。法国流派以产品的唯一性、排他性和独特性为标志，它将时尚视为一种行业，但最重要的是将其视为一种艺术。以大规模生产、实用和休闲时尚为标志的美国流派则首先将时尚视为一门生意。1973年是巴黎和纽约争夺国际时尚领袖地位的标志性转折点。那一年发生了“凡尔赛之战”：五位美国设计师，比尔·布拉斯、奥斯卡·德拉伦塔、安妮·克莱因、史蒂芬·巴罗斯和罗伊·侯斯顿，受邀到法国与法国设计师伊夫·圣罗兰、皮尔·卡丹、于贝尔·德·纪梵希、伊曼纽尔·温加罗、在克里斯汀·迪奥公司工作的马克·博昂一起展示他们的时装系列。法国人展示了非常别致但可能有点过于奢华的款式，而美国人则展示了更简单的款式。时装展示的形式也有所不同：法国模特们在优雅但非常传统的装饰中漫步，而包括非洲裔美国人在内的美国模特们则以不那么正式的方式走秀，他们迈着轻盈的舞步并微笑着。结果是美国时尚获得了明显的胜利。此次活动标志着时尚史上一个象征性的转折点。美国时尚的崛起和纽约作为世界新时尚之都的崛起挑战了巴黎作为时尚中心的霸权地位。从这个时期开始，纽约在世界服装设计舞台上的地位仅次于巴黎、伦敦和米兰。

20 世纪 80—90 年代蓬勃发展的文化产业对提高美国时尚的影响力十分有利，例如全球音乐电视台（MTV，1981 年创建）播放的麦当娜、普林斯或迈克尔·杰克逊的音乐视频，又如《朱门恩怨》《大胆而美丽》或《迈阿密风云》等电视剧，再如《美国舞男》（1980 年）、《廉洁者》（1987 年）和《华尔街》（1987 年）等电影，电影中由阿玛尼设计的演员服装优雅且气势十足，普及了“权力着装”的概念。美式运动装的优雅也通过电影得以传播，比如《了不起的盖茨比》（1974 年）中出现了拉夫·劳伦设计的服装。在美国，时尚的过度媒体化——其形成也得益于专门的时尚媒体，关于这点我们将在本书第二章详述——主要通过图像来传播。因此，通过重量级的大众文化产业传播，时尚变得对于所有人都触手可及，并进入所有美国公民的家中。在那时的美国，时尚和其他东西一样成为一种消费品，与法国或意大利时尚的定位完全不同。

从 20 世纪 50 年代开始，美国时装就想出口。它讲究实用并适应日常生活，远离巴黎时装的繁华。到了 20 世纪末，巴黎时装这个拥有百年以上历史的产物需要向其他时尚之都让步，其境况又是如何呢?

法国时装意味着什么？

20 世纪末以来，时尚界四大“时尚之都”并存：巴黎、米兰、伦敦和纽约，后三者都“证明”了其创意上的独特性。而巴黎似乎总能做得很好，它的好名声首先是靠数据支撑的：在法国，时尚产业实现营业额 1 540 亿欧元，其中 513 亿欧元来自出口，在 2019 年新增了超过 6 000 个就业岗位。除香奈儿外，法国主要奢侈品集团均进入法国 CAC 40 指数：爱马仕估值 556 亿欧元，开云集团估值 558 亿欧元，LVMH 集团估值 1 213 亿欧元。2019 年，奢侈品行业在 CAC 40 指数中位居榜首，领先于银行业和石油业（《奢侈品巨头们属实为法国制造》，载于《挑战》杂志，2019 年 2 月 14 日）。除了这些数字，巴黎的声誉也是一种文化建设的结果。如我们所见，自 18

世纪以来，法国政府、公会、时装设计师、新闻出版商以及客户和制造商都采取了成倍的举措，将法国时装出口到世界。它是该国经济的重要组成部分，不仅涉及商业活动，还涉及文化和旅游领域，是法国 DNA 的核心元素，代表着法国的一种品牌形象和专属标签。法国时尚在 20 世纪仍不断增加光环，并已成为一种软实力工具，被法国“用来”将本国影响力辐射到世界各地（Godart，2010 年，第 10 页）。

软实力这一概念由美国人约瑟夫·奈普及，它使时尚成为法国试图影响和支配全球的一种手段。与美食或美酒一样，时尚对扩大法国的影响力做出了贡献，无论是在物质层面给法国带来更多金钱，还是在非物质层面于全球的集体想象中强化巴黎作为一个富有创意的高品质城市的形象。据《纽约时报》报道，对于外国游客来说，迪奥、圣罗兰和香奈儿品牌的名字可能比法国的国家象征玛丽安娜更为熟悉。如此一来，时尚缪斯扮演玛丽安娜则并非巧合：1983 年至 1989 年香奈儿的首席模特伊内丝·德·拉弗莱桑奇被选为 1989 年至 2000 年的玛丽安娜形象代言人，在她之后是莱蒂西亚·卡斯塔——她曾是圣罗兰的形象代表。两人都担当了法国品味大使的角色。巴黎与时尚之间的联系非常紧密，社会学家阿涅丝·罗卡莫拉因此谈到了巴黎的“拟人化”，认为巴黎是一个“制造”时尚的城市（2009 年）。巴黎与时尚的关系如此密切，这让巴黎不仅依靠博物馆和历史吸引游客，也依靠时装业和蒙田大道上的奢侈品店吸引游客。许多游客希望一生中至少有一次进入巴黎时尚精品店，目睹他们早已听说过的东西：路易威登的老花

Speedy，迪奥的戴妃包，爱马仕的丝绸围巾、铂金包和凯莉包，香奈儿的2.55包和“永不过时”的花呢小外套。根据哲学家伊夫·米肖（2013年）的说法，人们进入其中一家商店，在装饰华丽的环境中受到欢迎，接待人员向其展示其希望看到或购买的所有款式。这是奢华体验的一部分，在21世纪，这种体验感的价值已经超越了物品本身的奢华。虽然可以在离家较近的商店或在家网购大多数品牌的产品，但许多游客仍热衷于在巴黎购买圣罗兰手袋或者迪奥手袋，因为这样做让他们觉得拥有了法国的一部分，并可以将其带回自己的国家，《纽约时报》的时尚编辑瓦内莎·弗里德曼如是说。在她看来，巴黎时尚因此融入了该国的领土结构中（《以拥抱法国艺术和时尚作为一种反击》，载于《纽约时报》，2015年11月18日）。

因此，法国首都在全球时尚体系中占据的独特位置可以用经济和文化因素来解释。但是，这种法国特殊性甚至是法国自豪感，究竟意味着什么？提出这个问题的目的，首先是要超越对法国时尚的沙文主义和简化的解读，然后是与之相反地把握法国时尚的复杂性和它在外国影响方面的渗透性，最后是实现对时尚的地缘政治进行细致入微的分析。这并不难进行，因为沉浸在法国时尚的历史中，我们很快就会意识到，长期以来，所谓的“法国时尚”实际上一直是法国和他国工人及设计师的成果，他们中的大多数是在其他国家培养的。

20世纪初以来，法国有很大一部分裁缝是移民。先是逃离迫害的犹太裁缝和逃离奥斯曼帝国种族灭绝的亚美尼亚裁缝，随后是来自亚洲和非洲的工人。我们在设计师方面发现了同样的现象。高级时装设计师查尔斯 · 弗雷德里克 · 沃斯就是一个例子，他是英国人。在他之后，许多巴黎时装商店的设计师也都是外国人。一些现在已经被遗忘的品牌是如此，一些我们仍然熟悉的品牌也是如此。我们可以按国别对他们进行划分：英国时装设计师，如约翰 · 雷德芬和爱德华 · 莫利纽克斯；意大利时装设计师，如艾尔莎 · 夏帕瑞丽和皮尔 · 卡丹；西班牙时装设计师，如克里斯托瓦尔 · 巴伦西亚加和帕科 · 拉巴纳；美国时装设计师，如威克斯和曼波彻；德国时装设计师，如古斯塔夫 · 比尔；乌克兰时装设计师，如索尼娅 · 德劳内等。

到了 20 世纪末，巴黎高级定制时装继续迎来众多外国设计师的加入。卡尔 · 拉格斐于 1959 年为让 · 巴杜工作，1963 年为蔻依工作，然后于 1983 年接管香奈儿。迪奥于 1989 年聘请了意大利人奇安弗兰科 · 费雷担任艺术总监，1996 年聘请英国人约翰 · 加利亚诺担任艺术总监。同样的，纪梵希在 1996 年到 2001 年聘任英国人亚历山大 · 麦昆。从 2004 年到 2012 年，意大利人斯蒂法诺 · 皮拉蒂担任伊夫 · 圣罗兰的艺术总监，而里卡多 · 提西则在 2005 年到 2017 年在纪梵希工作。从 2016 年开始，同样是意大利人的玛丽亚 · 嘉西亚 · 基乌里（1964 年生）担任迪奥女装的艺术总监。

这种身份的交融，在法国高级时装和时尚联盟推出一项欢迎外国时装设计师的制度后得以实现，这主要是由于巴黎几个世纪以来的吸引力及其对人才的承认（Zajtmann，2014 年）。该制度按品牌将这些设计师分为两类。首先是被称为“境外会员”的国外知名时装品牌，如 1995 年加入联盟的意大利品牌华伦天奴和范思哲，1993 年加入联盟的日本品牌三宅一生等。然后是被称为“特邀会员”的法国及他国新兴品牌，它们自 1988 年加入该联盟。所有人都想在巴黎举办时装秀并进入巴黎高级定制的专属小圈子，从巴黎的声望和影响力中受益。与此同时，巴黎为了保持时尚“守门人”的地位，抓住了这些人才，让他们通过自己的创作为巴黎扩大在世界上的影响力做出贡献。所有这些在法国奢侈品牌中占据一席之地的非法国设计师都坚持“法国时尚”这一理念。其已成为一种概念、一种自成一派的理念，并推崇法国时尚所代表的精神（《时尚的软实力》，法国文化电台，2018 年 1 月 10 日）。换句话说，根据瓦内莎 · 弗里德曼的说法，法国时装业及其决策者们成功地“标签化”了一个事实，即设计师的部分价值仅仅在于他们的产品是在法国制造的。但这个“法国时尚”的标签是质量的保证还是限制？产品的质量是否必须与一个国家或一个聘请了某位设计师并动用了某些工具的品牌联系起来？

时至今日，巴黎时装周期间有 24 个不同国家的品牌出席，这其中 50% 的展示团体不是法国的，也有一些法国团体拥有非法国的品牌并在国外举办时装秀。基于这一点，全球化环境下的法国时尚是什么呢？此外，“法国特色”意味着什么？（《时尚的软实力》，法国文化电台，2018 年 1 月 10 日）与法国历史相关的吸引力，今天是否仍然存在？这是一种国际化的方式，还是一种巴黎流派？为什么这种大熔炉、文化交流、思想技术迁移和“外国”贡献在很大程度上促成了巴黎时尚的影响力扩大——直到今天仍是如此——的观念在法国时尚史上从未真正被重视？说巴黎是法国时尚之都，可它难道不是超越国界和起源的世界时尚之都吗？

媒体、时装周、学校和博物馆：为占有一席之地采取的手段

MÉDIAS, FASHION WEEKS, ÉCOLES ET MUSÉES : DES ATOUTS POUR EXISTER

巴黎、伦敦、米兰和纽约可以凭借其时装设计师的资历和创造力在国际舞台上占据重要地位，但在现今，这并不足以让其继续统治世界时尚界。随着技术、商业、社会和媒体的不断变化，时尚产业在竞争日益激烈的环境中发展，迫使各个城市不得忽视任何细节。自 1980 年以来，在各时尚之都间形成了地理和权力关系，可以用四个因素来评估它们在国际舞台上的声誉和排名：媒体的冲击力和创新力，时装周的声誉，教育的重要性和学术的专业认可度，以及对时尚遗产的重视度——这是让它们在国际上占一席之地并具有分量的四大挑战。

媒体在时尚之都塑造中的重要性

如果没有媒体报道设计师们的活动，时尚之都还会是时尚之都吗？与其他文化产业一样，时尚的推广首先由报刊、电视和现今的数字媒体进行，这在扩大时尚之都的对外影响中发挥着核心作用。传播的内容除了向公众展示的新衣服之外，还有它们所反映的形象以及世界各地的消费者如何看待法国、美国、英国和意大利的创意和创新精神。因此，媒体政策的管理对这些城市来说是一项重大挑战，它们总是担心自己在客户心目中的“形象”。时尚的传播和推广是多方面的，它涉及多个官方参与者：纸媒和数字媒体、公会、品牌方以及文化、经济和政治机构。这些城市还必须处理其他声音如社交网络用户的看法。国际舞台上，在争夺影响力的背景下，时尚之都在传播和宣传其行业的方式上分为两个“流派”：一个是以巴黎和米兰为代表的拉丁派，它们是克制和有限宣传的支持者；另一个是以纽约和伦敦为代表的盎格鲁－撒克逊派，它们赞成对设计师进行大规模宣传。如果这些流派并存，那么当时尚产业受到更多全球性问题的影响时，它们之间也会发生对抗。时尚之都在数字化方面的差异尤其有助于强化它们之间的权力竞争以及它们为控制时尚产业而展开的角逐。

从文字到图像的媒体时尚报道

从 18 世纪开始，法国时尚媒体——玩偶、版画和报纸——占据主导地位并传播到世界各地。时尚之都巴黎通过其报纸的国际发行“定下基调”，而纽约和伦敦则满足于遵循巴黎的决定（Sullerot，1963 年；Soulier，2008 年）。第一次世界大战后，巴黎和纽约之间的力量制衡开始发生逆转，在美国的影响下杂志媒体形式在多个领域发展，并主要在时尚领域发展（Charon，2008 年；Feyel，2007 年）。时尚报纸上开始刊登越来越多的照片而不是绘画，并成为广告的载体和时尚产业的展示橱窗。同威廉·赫斯特一样，美国出版商康泰·纳仕（Seebohm，1982 年）是最早开发时尚杂志的人之一，他于 1909 年收购了创建于 1892 年的 *Vogue* 杂志。很快，纳仕想将他的杂志国际化：他于 1916 年推出了英文版 *Vogue*，1920 年推出了法文版 *Vogue*（Kurkdjian，2014 年、2019 年）。虽然那时有些人对法国社会在音乐和电影方面的美国化表示遗憾（Rioux 和 Sirinelli，2004 年），但纳仕向时尚媒体输出的一种媒体模式使我们受用至今：用于商业目的的图像杂志由奢侈品牌赞助，正如一台“制造时尚的机器”，罗兰·巴特在 1967 年如此解释。与此同时，美国人还通过好莱坞电影发展了他们对时尚的媒体影响力，好莱坞电影中的女演员们将自己塑造成人们追随的时尚标杆。作为先驱，*Vogue* 杂志及其美式新闻（Feyel，2001 年）将它们的商标出口到欧洲，促成了 1937 年 *Marie Claire* 杂志和 1945 年 *ELLE* 杂志在法国的诞生。时尚媒体的美国化或操作的国际化（Delporte，2006 年）的问题仍悬而未决，但美国人和法国人之间已形成了一场对峙：前者支持装饰着照片并包含许多广告的有光纸杂志，而后者则支持没有太多广告的画报。在这之上的其实是两种时尚和时尚杂志观念。前者认为时尚杂志是时尚产业的商业载体，是帮助读者购买时尚产品的沟通和销售工具。后者对时尚的观念更加充满艺术性，对时尚杂志的观念更加充满文化性，其认为时尚首先必须取悦眼睛并反映某种法式生活艺术。

在 20 世纪下半叶，特别是 20 世纪 90 年代和 21 世纪初，美国媒体从未停止通过明星记者如苏西·门克斯和安娜·温图尔谈论时尚。苏西·门克斯是 1988 年到 2014 年《国际先驱论坛报》《纽约时报》和 *Harper's Bazaar* 的编辑，然后在 2014 年到 2020 年担任 *Vogue* 外国版的编辑，她毫不吝啬地用时而尖刻的文笔公开评论一些时装系列。安娜·温图尔在 1988 年成为 *Vogue* 美国版总编辑。她的形象（香奈儿半身裙套装，齐刘海短发和即使在室内也戴着的墨镜）已成为她的标志，并以她的威望著称。她甚至是《穿普拉达的恶魔》一书的主角，该书还被改编成了电影。在书里她被描绘成一个全行业都惧怕的“暴君”，被誉为“时尚界最有权势的女人”。既被神化又被妖魔化的温图尔支持马克·雅各布斯、亚历山大·王和奥利维尔·泰斯金斯等设计师。尽管人们对她既爱又恨，但一致认可她以无与伦比的手段成功将 *Vogue* 打造成世界领先的时尚杂志，并在其中强加了一种美国的行为和观察方式（《安娜的世界》，载于《纽约时报》，1997 年）。

1990 年到 2000 年，在品牌全球化和消费模式标准化的背景下，美国时尚媒体开始规范化，而法国媒体则正通过拉加代尔集团旗下的 *ELLE* 杂志开始国际化并试图模仿美国媒体。1970 年，在日本推出第一个外国版本后，*ELLE* 开启了全球本地化进程，即做出适应全球化所到国家的本土文化特性的改变（Taveaux-Grandpierre，2013 年）。从 1985 年的美国到 1988 年的巴西、1992 年的韩国、1994 年的波兰、2010 年的越南，再到 2017 年的科特迪瓦，*ELLE* 已成为一个国际品牌，如今在全球拥有 45 个版本。与此同时，美国电视正以两种方式投资时尚领域。首先，美国发明了揭秘时装周的时尚节目，节目中不时出现对设计师的采访和围绕“造型”的讨论，例如 1980 年到 2001 年在 CNN 播出的《流行登陆》和 1989 年到 2000 年在全球音乐电视台播出的《风尚屋》。这些节目被精心制作，由包括辛迪·克劳馥在内的美国顶级模特主持，造就了时尚产业的景观。同时，电视剧等其他电视节目形式在时尚的媒体化中发挥了重要作用，如《迈阿密风云》（1984—1989 年）、《王朝》（1981—1989 年）、《大胆而美丽》（1987 年），特别是《独领风骚》（1996—1999 年）（Church Gibson，2012 年）。到了 21 世纪初，真人秀节目对时尚界景观形成的贡献更为显著，例如 2003 年推出的由泰拉·班克斯主持的《全美超模大赛》和 2004 年推出的由海蒂·克鲁姆主持的《天桥风云》，两者都呈现了美国梦这一理念，前者让年轻模特有了为著名时装品牌走秀的机会，后者让设计师有了在纽约时装周展示自己系列设计的机会。2020 年 1 月，奈飞推出《时尚的未来》，为了赢得 25 万美元奖金以及在颇特女士官网上出售他们的系列设计，设计师们展开了竞争。同年 3 月，随着有好莱坞大片即视感的电视剧《一剪成衣》在亚马逊会员频道上播出，时尚的超媒体化进程又向前迈进了一步。来自世界各地的设计师参与竞争，该比赛旨在将最佳造型师的称号授予其中一位，并通过 100 万美元和一份在亚马逊销售其系列设计的合同帮助其发展自己的品牌。

电视时代之后是数字时代，此时对数字技术不感兴趣的拉丁派城市与紧紧抓住它们的盎格鲁 - 撒克逊派城市之间出现了真正的分界线，从而进一步彰显了它们各自在时尚界的影响力。

走向数字化的纽约和伦敦

在 21 世纪 10 年代，新技术尤其是社交网络的爆炸式增长继续强化了盎格鲁－撒克逊派改变服装设计、展示、消费和分享方式的愿望（《Instagram 时代的时尚》，载于《纽约时报》，2014 年 4 月 10 日）。这些新工具同时用于信息传播、交流和销售，正在作为手段，围绕社区概念将 Y 世代和 Z 世代[1] 聚集在一起，围绕品牌打造想象空间，并通过新系列幕后故事、即时故事直播的时装秀和所有人都可以看到的特别活动来激发人们的欲望。Instagram（即照片墙）的兴起甚至会让设计师重新考虑他们系列设计的数量、颜色，以及时装秀的舞台布置。在社交网络上，图像至上。像病毒一样，图像必须影响时尚爱好者。这些发展情况与 19 世纪末时尚离开巴黎的工坊后被公之于众的情况相差甚远。那些新系列是提供给一小部分精英的，起初只对提前选定的最富有的客户、记者和买手公开，展示过程十分私密、隐蔽，以避免任何被复制的风险（Evans，2013 年）。如今出现的这种激进的演变解释了为什么当今关于时装秀的数字媒体报道将时尚之都各自划分。如果说在倾向于与谷歌和 Instagram 建立合作伙伴关系的时尚联盟的支持下，美国和英国的成衣设计师已经接受了数字化转变，那么法国和意大利的设计师则显得较为抗拒，他们怀疑数字化会增加知识产权盗窃、商业盗版和仿冒现象。在 2016 年发表的一项研究《数字化或灭亡：奢侈品牌的选择》中，研究者谈到了奢侈品消费者“数字化

[1] Y 世代一般指 20 世纪 80—90 年代出生的人，源自美国文化中对一个特定世代的习惯称呼。这代人的成长时期几乎和互联网 / 计算机科学的形成与高速发展时期相吻合。Z 世代特指在 20 世纪 90 年代末至 21 世纪 10 年代前期出生的人。Z 世代受网际网络、即时通信、简讯、MP3 播放器、手机、平板电脑等科技产物的影响很大。——译者注

成熟度的巨大的地域差异”，并区分了非常倾向于在线购买的美国和英国消费者以及喜欢线下购物体验的法国和意大利消费者。从 21 世纪初到 21 世纪 10 年代，一场战争在景观传播、数字化的推崇者（盎格鲁 - 撒克逊人[1]）与那些更喜欢传统媒体的人（法国人和意大利人）之间展开，后者认为传统媒体保证了一定程度的低调和对行业秘密的保护（或许这是一种幻觉？）。

这种定位差异可以追溯到 20 世纪 90 年代中期。1995 年 10 月 31 日，一项史无前例的创举出现了：纽约时装周（NYFW）的某些时装秀由数码相机拍摄，并在走秀结束十分钟后被发布到网上（《即时在线时尚的时代已开启》，载于《纽约时报》，1995 年 10 月 31 日）。苏西·门克斯写道：“‘时尚’可能很快就不复存在了——在某种意义上我指的是过去那种时尚，一个新系列从设计师的创意中诞生，在 T 台上展示，在被公之于众之前就已被有声望的商店购买并由懂行的精英穿着。一切都将立即被某种“快时尚”版本取代，从海尔姆特·朗的罗纹长裤到古驰的最新款腰带再到川保久玲的花卉印花。1996 年，在这种时装秀数字化之后，苏西·门克斯回应道，以前为专业人士保留的时装秀已成为公共财产，并且其有必要适应我们的时代。十年后，苏西·门克斯扩展了她的思考并写道，“数码相机是改变时尚格局的飓风

[1] 此处指上文提到的盎格鲁 - 撒克逊派人（英国人和美国人），即现代意义上的盎格鲁 - 撒克逊人，祖籍来自英格兰、母语为现代英语的欧裔白人群体，为英语国家的主体族群，与后文的“法国人和意大利人”（即拉丁派人）对应。在此处，这一概念区别于学术上专指的从 5 世纪初到 1066 年诺曼征服英格兰期间，从西北欧入侵并定居大不列颠岛东部和南部地区的、语言和文化非常相近的日耳曼人。——译者注

之眼”，她进一步补充说，时尚的受众已扩展到全世界的人（《时尚飓风中心的数码之眼》，载于《纽约时报》，2005 年 10 月 3 日），从而引发了时尚传播的巨大变革。苏西 · 门克斯暗指的是在英国在线媒体 SHOWstudio 的影响下时尚加速媒体化的十年。该媒体是尼克 · 奈特于 2000 年创建的，那是“一个在数字时代滋养和鼓励时尚与动态影像结合的独特平台”。SHOWstudio 先于脸书和油管发布了一些时尚电影，不断突破技术和艺术创新的极限。它走入设计师和直播时装秀的幕后，通过打开非常秘密（到那时为止）的行业之门，让更多观众接触到时尚。奈特将电影视为比摄影更能迅速触动人心的强大的“新视觉主张”，为时尚的媒体化革命奠定了基础。

盎格鲁 - 撒克逊派品牌追随尼克 · 奈特的脚步，因为它们很早就倾向于拥抱数字工具。1998 年，海尔姆特 · 朗从巴黎返回纽约举办个人时装秀，在自己的网站上展示系列设计，并刻了光盘、做了录影带。他是第一位“吃螃蟹”的设计师，他解释说，这一举措是出于他“包容、前卫并对科技持开放态度的观念”，是一种新的交流方式的起点（《对系统的冲击》，载于 *Vogue*，2016 年 2 月 9 日）。这一代中，汤米 · 希尔费格也属于对数字技术持开放态度的美国设计师。2012 年，他在纽约时装周期间创建了一个“社交媒体专区”：一个由 25 人日夜运营的平台，以响应世界各地的记者和“意见领袖”对新系列的所有请求。2014 年，为了让更多人能够触及自己的时尚，他在 InstaMeets 平台上分享了他的时装秀，这是一个在 Instagram 上联合 20 位 Instagram

博主共同组织的活动，他为自己的新作品制作了系列视频，视频不仅在线下商店播出，还在他的网站、脸书、推特、油管和 Instagram 上播出。随后，这位设计师与图像识别初创公司合作，让人们在走秀结束后可以直接购买他的产品。在大洋彼岸的英国，早在 2006 年，博柏利就成为首批采用数字传播的品牌之一，开创了脸书页面，为其员工购买 iPad 以便跟踪库存和客户购买历史，并推出“风衣的艺术”网站，所有人都可以展示穿着风衣的照片。其营业额随后增加了 14%。如今，博柏利的社交网络遍布全球，并通过与 Snapchat（色拉布，“阅后即焚”照片分享应用）、谷歌、梦工厂动画、Instagram 和 Apple TV（苹果电视）的合作增强了这种影响力。它是第一个将粉丝社群互动及线下走秀结合起来的品牌。2018 年 3 月，里卡多·提西接手博柏利，他让博柏利向数字化又迈出了新的一步：推出博柏利 B 系列，该系列为月度限定，仅在 24 小时内发售，过时即下架，顾客可以直接在线购买单品；同时与“意见领袖”合作，这让品牌的受众更加年轻化。

盎格鲁 – 撒克逊派品牌的数字化和新媒体传播倾向或许与英美时尚产业的本质和历史有关。纽约和伦敦始终倾向于将它们的成衣时装视为与其他产品一样的消费品，而时装秀则是应该给公众留下深刻印象并鼓励他们购买新系列的表演。时尚首先被其视为一种娱乐，这两座城市设立的某些颁奖典礼在许多方面都让人想起好莱坞和美国大片。无论是 1948 年在纽约创立的纽约大都会艺术博物馆慈善舞会（Met Gala），还是 1981 年设立的 CFDA 时尚大奖，抑或是 1989 年创立的时尚大奖（2016 年更名为英国时尚大奖），这些在国际网络上传播的盛典构成了时尚的高光时刻。各时尚之都在数字领域所采取的立场是由其时尚公会政策决定的。对于纽约和伦敦，我们注意到 CFDA 和英国时装协会（BFC）很早就参与了数字化。从 2009 年起，CFDA 一直由了解新媒体的人士领导，无论是在 2019 年之前担任 CFDA 主席并主持自己真人秀节目的黛安 · 冯 · 菲斯滕伯格，还是 CFDA 首席执行官史蒂文 · 科尔布。这就解释了为什么 CFDA 在 2016 年与谷歌签署了一项合作协议，为马克 · 雅克布、汤姆 · 福特和博柏利等几个英美品牌创建轮播式图库。所谓的谷歌帖子是借助谷歌的算法，将有关品牌的不同信息进行优先显示，使其更引人注意并“增加”受众。而 BFC 方面则从 2009 年起任命数字行业人士担任负责人，将数字化作为其优先事项。市场营销专家卡罗琳 · 拉什于 2009 年成为 BFC 的首席执行官，娜塔莉 · 马斯奈于 2013 年被任命为主席。娜塔莉 · 马斯奈的履历与前几任主席不同，作为奢侈品时尚门户网站“颇特女士”的创始人，她一直深耕于数字领域并坚信奢侈品可以与新技术结合。作为一名天生的企业家，她使伦敦时装周的网站成为一个展示平台，站内充斥着来自时尚圈的最新故事、问卷调查、图像、显示品牌时尚展厅位置的地图，并直播了近一半的时装秀。为了让伦敦成为新技术的跳板，她毫不犹豫地与谷歌、脸书和推特合作。2018 年，发发奇的客户体验总监斯黛芬妮 · 派尔接替娜塔莉 · 马斯奈担任新一届主席。发发奇是销售奢侈品牌和设计师品牌产品的数字平台，这一任命无疑强化了 BFC 的数字化立场。

在数字化飞速发展的过程中，有一个重大发展值得关注：一种新的媒体活动者出现了，他们便是“意见领袖”。他们拥有几千甚至上百万名粉丝，接替了记者的工作。这些新人物最开始是一些无名之辈，在 21 世纪初互联网蓬勃发展时便开设了时尚博客。那时他们的博客内容是日记，分享他们的时尚品味和最新购买的东西。2011 年，全球有 200 万个时尚博客。时尚博主站在纸媒时尚记者的对立面，后者被讽刺为难以接近且“被品牌收买”——他们就职的纸媒禁止他们以批判性眼光审视时装设计师的系列，以免失去广告客户如 LVMH 集团或开云集团。博主们的成功使他们很快受到设计师邀请，坐到了时装周秀场的前排。进入时装周最高殿堂的难度非常大，因此可以说，这是一项壮举。

然而，随着时间的推移和博客的专业化，一些博主遭遇了之前对纸媒记者一样的攻击，被批评为与时尚行业过于接近。十年里，时尚博客的形象已经从言论自由的空间转变为展示品牌的金融化空间……这和时尚媒体如出一辙。就在那时，Instagram 于 2010 年 10 月 6 日横空出世。这一新的社交媒体更加视觉化且更加活跃，它提供了发布和无限修饰图像的可能性，还提供主题标签（如 #fashion，#out fit of the day）、表情符号以及即时故事和实时动态，迅速成为时尚界的重要媒介。它被品牌使用，但更重要的是，它是全球数百万人首选的表达和交流工具。2020 年，该媒体迎来了十周年，每月活跃用户数超过 10 亿，其中 70% 的用户年龄在 34 岁以下。在法国，它自称拥有 2 100 万名用户（在当地是继油管和脸书之后的第三大社交媒体）。通过赋予数百万名匿名 Instagram 用户发声的权利，它增加了针对系列设计和时尚发表观点和意见的功能——言论经常是对设计师和行业决策者不利的，即使 Instagram 时尚博主通常对时尚有非常一致的看法——她们中的大多数是时尚博客的前博主，如法国的加朗斯 · 多雷（有 72.8 万名粉丝）和意大利的奇亚拉 · 弗拉格尼（有 2 180 万名粉丝）；或者是模特，如美国的艾米丽 · 拉塔科夫斯基（有 2 700 万名粉丝）和艾里珊 · 钟（有 410 万名粉丝）。除了这一媒体现象本身之外，这些全球知名人物已经成为品牌的新合作伙伴，这一举动不仅是为了销售产品，也有助于品牌形象的年轻化和吸引新客户。她们更加年轻、反应更灵敏并浸淫于新技术，改变了时尚媒体化的面貌。

法国和意大利对新媒体的犹豫

在法国和意大利方面，大众媒体和数字媒体并没有被如此迅速地采用。问题在于，允许过度曝光和轻易访问的新技术不符合拉丁语族国家[1]的时尚品味。巴黎和意大利的时尚产业作为古老缝纫技艺和艺术行业的守护者，一直希望保护其产品的稀有性和排他性。2009 年，

[1] 拉丁语族国家：指拉丁欧洲，即欧洲以罗曼语族语言作为官方语言、官方语言之一或通用语言的地区。拉丁语族、日耳曼语族和斯拉夫语族构成了欧洲三大语族。——译者注

SHOWstudio 在其网站上直播亚历山大·麦昆的时装秀，令奈特感到惊讶的是，一些品牌尤其是想把控自身形象的香奈儿，继续以老旧的方式交流并定位法国时装（《时尚的最佳数字镜子》，载于《纽约时报》，2009 年 12 月 30 日）。品牌的这种谨慎是源于意大利和法国时装业的历史和个性，面对盎格鲁 - 撒克逊派的媒体化，它们捍卫了某种低调且排他（和精英？）奢侈品的理念，与大众传播和大众消费并不兼容。这种差异一方面体现在法国高级定制和时尚联合会（FHCM）与意大利国家时装商会（意大利的时尚公会）对时装秀数字化所采取的立场，另一面体现在各品牌更缓慢地采用新技术上。2012 年，香奈儿不允许在线销售本品牌包袋或服装系列，总裁布鲁诺·巴甫洛夫斯基解释了原因："您需要在试衣间试衣，您需要一个裁缝来修改服装以完全贴合您的身体。我认为这是香奈儿服务的一部分。这不仅仅是我们必须为客户提供的服务。为客户提供完美的成衣是香奈儿与众不同的一部分。"（《为什么你不能在线购买香奈儿？》，载于 *ELLE* 英国版，2012 年 10 月 24 日）2017 年，谈及情感的重要性以及香奈儿品牌的灵魂，他重申了自己的话，并解释说数字化永远不能取代实体体验。因此，奢侈品巨头 KHOL（开云集团、爱马仕集团、欧莱雅集团、LVMH 集团这四个集团的简称）和科技巨头 GAFA（谷歌、苹果、脸书、亚马逊这四个公司的简称）并不相似吗？情况并不是那么明了。

我们注意到两个要素。首先，当品牌声誉不由其领导者传达时，它会越来越多地由在 Instagram 上活跃的艺术总监来体现。巴尔曼的

奥利维尔 · 鲁斯汀就是一个例子，他在 Instagram 上分享自己创作系列作品的幕后花絮，通过自己的个人账户邀请艺术家参与创作，这些举动助推了品牌形象年轻化并触及千禧一代。其次，我们注意到在法国和意大利的奢侈品牌中也有例外，其中一些品牌最近已转向数字化。

在意大利，近五年发生了一些变化。2015 年，亚力山卓 · 米开理成为古驰的艺术总监后，决定通过怪诞和数字化来更新品牌形象。他投资社交网络平台，特别是在 Instagram 上发布与现实脱节的帖子；他还推出了一个手机应用，用户可以下载壁纸和时装秀图片，并使用古驰系列服装创建个性化 3D 头像。2016 年，普拉达也选择了数字化，推出了一个有中文、韩文、英文和俄文版的电子商务平台，客户在该平台可以购买普拉达配饰，也可以购买普拉达成衣系列。

在法国，2019 年香奈儿也发生了变化——该品牌投资 10 亿美元进行数字化转型。该计划使围绕品牌历史的数字化讲故事成为可能，并新在 13 个国家开放电子商务——虽然只销售化妆品和香水，而成衣和手袋仍仅在门店有售。在投资英国在线销售平台发发奇后，香奈儿则解释说，香奈儿门店将进行数字化并开发个性化的数字服务。就爱马仕而言，它于 2001 年开始涉足数字领域，在 2017 年迈出了一大步，并于 2018 年开设了一个面向加拿大、美国、欧洲各国和中国的新的数字平台。爱马仕希望一直控制平台内容的发布，并解释说，它选择了一个“将电子商务和传播相结合并能发布短片”的“数字旗舰店”（《爱马仕发起数字攻势》，载于《回声报》，2018 年 3 月 21 日）。是增加知名度并提高销售额还是保持排他性极强的声誉？爱马仕似乎选择在突出产品和揭示品牌内部创作的幕后故事之间取得平衡。可以说，在法国品牌中，数字化的发展是新近的事，并且在很大程度上受到管控。如果说品牌愿意使用新工具来宣传它的历史和品牌形象，那么应是在其掌控传播渠道的条件下——新工具必须为保持传统服务，而不是作为创造景观的花招。

我们能否将时尚界简化为新旧两个世界，即以巴黎和米兰为代表的旧世界，推崇传统时尚媒体和自 20 世纪中叶起就支配时装行业的规则；以纽约和伦敦为代表的新世界，支持对新技术保持开放且必须改革的新系统？作为围绕材料和形式不断研究的结果，捍卫创意的观念与时尚工业化的观念形成了对立。时尚工业化的观念将时尚视为与其他产品一样的消费品。这两种观念的对立正如陈酿与博若莱新酒的对立。如果数字化使各时尚之都相互对立，那么时装周能否成为它们之间的共识？

时装周拉开帷幕

“注意，它来了！9 月 8 日开始于纽约，随后去到伦敦和米兰——经过为期 4 周的马拉松之后，这个时尚旅行队带着有深灰色车窗的汽车和穿着细高跟鞋的‘骨感生物’，将印有字母交织图案的行李箱包放在了巴黎。是的，巴黎是时尚‘四巨头’每年两次风格迁徙的终点。来自 43 个国家的 1 600 多名认证记者、法国或他国的百货公司或品牌集合店买手、摄影师、模特、美发师、化妆师以及其他图像和声光专家，将占据一条从杜乐丽花园到大皇宫的‘黄金’走道，万众瞩目的时装秀就在这里举行”（《谁从时装周中受益？》，载于《世界报》，2012 年 9 月 23 日）。《世界报》上的文字反映了时装周的非凡性质。在时装周上，15 分钟的时装秀平均花费 10 万到 30 万欧元，其中一些时装秀的花销甚至达到数百万欧元。19 世纪末以来，时装设计师在其高级定制沙龙中举办精心策划的展示活动，现在的时装周则是这种展示活动的继承者，并已成为时尚之都推广其设计师系列设计的重要活动之一。作为时尚界最显眼的面孔，时装周是被专业人士期待和追随的国际盛会。得益于社交媒体的飞速发展，时装周也是业余时尚爱好者的盛会。它是一个巨大的超媒体化景观，同时也是为品牌服务的强大的传播工具，兼具商业化、旅游化、媒体化，并且越来越政治化和社会化。时装周的定位在大预算表演和时尚宣言之间摇摆不定，它确实已成为一个舞台，品牌通过自己的艺术总监在这里表达对时尚、社会关系和性别的看法。近年来，时装周也成为部署前卫科技工具的时机：2014 年，芬迪用无人驾驶飞机拍摄秀场并在其网站上直播时装秀，从而“让粉丝也知道一场时装秀是什么样的，这是人们从未见过的”。（《米兰时装周上的无人驾驶飞机》，载于《世界报》，2014 年 2 月 21 日）

时装周与其举办城市息息相关。它不仅为该城市带来了显著的经济收益（因为它使买手、记者和顾客来到该城市停留数天并进行消费），而且对该城市的媒体收益十分重要，能影响城市在创意方面的声誉，因此每届时装周都成为城市激烈竞争的对象。时装秀在一个特别包场的地方举行，如大皇宫、埃菲尔铁塔、卢浮宫博物馆、卢浮宫的方形庭院、林肯中心、杜乐丽花园、特罗卡德罗宫前院或泰特现代美术馆，每一个细节——灯光、音乐、舞台布置——都由专门机构把控到分毫，以为城市打造良好的声誉。四大时尚之都的时装周都具有与其历史相关的特殊性：巴黎，永恒的优雅；米兰，大胆的创意；伦敦，前卫的创作；纽约，运动装成衣。

巴黎时装周，不可取代？

时装周每年举办六次。活动期间，巴黎是所有时尚专业人士的焦点：1 月和 6 月有两周专门用于展示高级定制时装，有两周专门用于展示男装；3 月和 9 月有两周专门用于展示成衣——所有这些活动都尊重春夏和秋冬季节的二元性。9 天内最多可举行 100 场时装秀。继伦敦、纽约和米兰之后，最后一周时装秀的举办地巴黎享有一个特殊地位：买手们等着参加完所有时装周才确认采购订单，他们不能错过这场盛会——正如一些等着看巴黎好戏的记者们。*Vogue* 总编辑安娜 · 温图尔的目标始终是："从巴黎那里偷走它作为时尚女王的王冠，并将它戴在纽约的头上，（……）美国必须是第一！"（《谁从时装周中受益？》，载于《世界报》，2012 年 9 月 23 日）巴黎的特殊地位还归功于这座城市那古老的时尚历史，相比其他时尚之都，其吸引了更多设计师希望在其土地上举办时装秀：大多数设计师，无论国籍，都想首先在巴黎展示他们的系列设计（Delpal，2015 年，第 7 页），因为进入巴黎官方时装周日程会赋予他们独一无二的正统性。设计师在被时尚行业和媒体冠以名誉——被巴黎"接受"后，就知道自己的事业由此展开了。至少出于以上两个原因，巴黎时装周必须不负众望。

官方时装秀日程于1973年设立，这一时间对应今天的高级定制和时尚联合会的创立日期。从那时起，巴黎时装周的走秀持续吸引着人们的注意力，各品牌甚至在超市、空间站、机场、海滩和地铁站重新创造出走秀的场所，将观众带入一个全新的世界。我们特别注意到香奈儿的这一趋势，它是在卡尔·拉格斐的艺术指导下进行的。令人惊讶的是，香奈儿的时装秀也是第一个非常视觉化的时装秀，其因此非常媒体化，给专家和新手都留下了深刻印象。景观化的舞台设计曾经是，现在仍然是，使该品牌的百年创造力现代化——香奈儿品牌创立于1910年，其创造力与20世纪初的精英高级定制时装有着广泛的联系——并对其进行年轻化改造的一种手段，同时也向其他时尚之都展示了巴黎在创新方面的能力。拉格斐于2017年在巴黎大皇宫穹顶下重建的空间站就是其中一个例子：身长37米、装饰着品牌标志双C的火箭位于大厅中央并在一片烟雾中起飞，由造型具有未来感的模特（戴着宇航员头盔，穿着闪闪发光的银色靴子、长筒袜、覆盖着银色图案的连衣裙、银色绗缝皮夹克）走秀，这一舞台设计表明了该品牌的现代主义特色以及它继20世纪初嘉柏丽尔·香奈儿征服陆地后的征服太空的雄心。其他品牌在这方面也表现出色。2019年3月，圣罗兰的时装秀在特罗卡德罗花园举行，在那里还布置了一个“夜总会”，其中3 000面镜子通过衍射，映照出埃菲尔铁塔灯光的闪烁。为达到这样的效果，在15天里，300名技术人员安装了1 000个灯泡。巴黎的代表性景点——尤其是博物馆——长期以来扮演着为时装秀搭建舞台的角色，但现在雅克缪斯或玛琳·奢瑞等品牌选择在市中心靠近地标性建筑的地方租用处女地，然后根据自己的喜好加以设计，将其打造成非常上镜的场地。这是 Instagram 时代的理想策略，有助于品牌的时装秀在世界范围内传播。

除了不断追求体现在巴黎地图上的视觉表现外，过去几年巴黎时装周一直致力于部署新的营销来推广自身，并于 2014 年成为一个品牌，“PFW（巴黎时装周）”已经注册了商标。这个商标就像 1945 年的“高级定制”商标一样，对品牌赞助商具有巨大的吸引力，它们毫不犹豫地将自己与之联系起来，尤其是 2015 年的梅赛德斯和美宝莲品牌。

巴黎参与时装周是出于时装周承载的经济意义和象征意义。每年巴黎都声称其在时装周组织方面处于领先地位，如果对这个问题仍有许多争论，那么可以看看这些数字，事实上它们对于巴黎时装周（IFM，2018 年）仍然具有启发意义：每年，巴黎时装周产生超过 100 亿欧元的商业交易额，产生 12 亿欧元的经济利益（传媒、广告、酒店、餐厅、交通等领域）；提供 400 场时装秀，其中 50% 被官方日程邀请的都是外国品牌；组织 27 场展会，吸引了 14 000 家参展商，其中 75% 是外国品牌，并有 10 万名个人参观者。此外，巴黎时装周平均吸引来自世界各地的 5 000 名参观者，将当地酒店入住率从非时装周期间的 70% 提高到 85%。得益于这些数字，时装周成为巴黎这座城市的展示窗口，也是一项得到政府当局支持的活动。巴黎除了出租用于举办时装秀的机构、场所外，还制订了时装周促进和推广计划，并给予法国时尚财政支持，例如安妮·伊达尔戈于 2015 年推出“时尚爱巴黎”时装秀，巨大的海报贴满了巴黎，还得到了法国总统府爱丽舍宫的支持。爱丽舍宫的第一个倡议可以追溯到 1984 年，当时在贾克·朗的影响下，弗朗索瓦·密特朗邀请了伊夫·圣罗兰和皮尔·卡丹等时装设计师和实业家。2018 年 3 月 5 日，埃马纽埃尔和布丽吉特·马克龙在爱丽舍宫举办晚宴，邀请了 100 名在巴黎举办过时装秀的法国和他国设计师，例如迪奥的玛丽亚·嘉西亚·基乌里、让·保罗·高缇耶，巴尔曼的奥利维尔·鲁斯汀、雅克缪斯，LVMH 集团的西德尼·托莱达诺、香奈儿的布鲁诺·巴甫洛夫斯基等高管，安娜·温图尔等新闻人物，赛扎娜（Sézane）和法国三角裤（le Slip français）等初创企业负责人，以及一些大学生。

巴黎时装周在经济层面的重要性解释了为什么其他时尚之都一直想加强自己的时装周并彼此区分。

战胜巴黎时装周：伦敦、纽约和米兰的挑战

意大利、英国和美国时装周追求与巴黎时装周相同的目标，并取得了不同程度的成功。在选择坚持自己的独特性并在巴黎之外存在之前，每座城市都首先尝试将自己定位在与巴黎相同的层面或细分市场上。由于地理、社会结构和技术因素的制约，这条道路荆棘密布。意大利的情况很有趣。与法国不同，意大利的时尚活动并不集中，它们

分布在米兰、佛罗伦萨和罗马之间的区域。这长期阻碍了一个具有高识别度的意大利时装周出现，尽管近年来情况发生了变化。事实上，米兰自 20 世纪 60 年代以来集中了 *Vogue* 意大利版的办公室以及阿玛尼、范思哲、莫斯奇诺、普拉达和古驰等品牌，成功将自己打造为意大利女性时尚之都。它的时装周在伦敦之后和巴黎之前举行，其特点是只展示古驰、普拉达、阿玛尼和范思哲等意大利品牌，并希望突出“意大利制造”。这一定位与巴黎时装周的国际化定位背道而驰，在近几年也招来不少非议。米兰时装周尤其受到批评的是，它的日程安排让新兴品牌和喜欢巴黎、纽约或伦敦的国际知名品牌几乎没有展示空间。就佛罗伦萨而言，自 1972 年以来每年举办两次佛罗伦萨男装周。至于罗马，在克服经济困难后，这座城市自 2016 年以来一直试图通过罗马高级定制时装周（2010 年创建），将主力放在推广年轻的新兴罗马设计师上。

英国方面，尽管自 20 世纪 60 年代以来时尚创意不断，并且伦敦在 1984 年举办了首届时装周，但长期以来伦敦在国际舞台上一直与巴黎和纽约竞争。在 20 世纪 90 年代，虽然伦敦时装周曾为亚历山大·麦昆和丝黛拉·麦卡妮举办时装秀，但当麦昆前往纽约举办时装秀时，伦敦时装周便失去了影响力。直到 21 世纪初，得益于侯塞因·卡拉扬、克里斯托弗·凯恩、加勒斯·普、约翰森·桑德斯和艾尔丹姆·莫拉里奥格鲁的怪诞设计，伦敦时装周才重新受到欢迎。

在大西洋的另一边，美国纽约在 20 世纪 70 年代投资创建了一个有利于其成为时尚之都的生态系统。1972 年，市长约翰 · 林赛在时装区创办了一个时装节、一个为该区买手提供信息的中心，又将位于纽约 34 街和 42 街之间的第 7 大道更名为“时尚大道”，并让城市规划、清洁机构和城市警察部门尽最大努力参与协调时装周。

在所有这些时装周的案例中，我们注意到时装公会在加强时装周光环方面发挥的积极作用。它们面临的挑战是找到将当地时装周与巴黎时装周区分开来的“秘方”，从而吸引媒体的关注。意大利（意大利国家时装商会）和英国（英国时装协会）的公会选择了相同的解决方案：在行业的古老 DNA 与创新之间、传统与商业之间保持平衡。在意大利，公会的目标确实是建立一个将意大利古老工艺与创新设计者的提议结合起来的独特系统，而在英国，自 21 世纪第一个十年末以来，BFC 面临的挑战就是在国际舞台上商业化发展伦敦时装周，而不剥夺在历史上构成其品牌形象的怪诞性。两国都希望保留自己在创意方面的传统和地方性特色，但通过将其生产、发布和销售过程工业化，让其沉浸在国际商业关系中。为此，英国和意大利加强了公会结构的专业基础，将其转变为实实在在的公司、受到国际认可的权威对话者。这种使时尚业专业化并为其提供可靠的活动者、组织结构和资金的愿望在美国有所体现。从 21 世纪开始，纽约时装周的制作和组织委托给艺术机构威廉莫里斯经纪公司（WMA）。该经纪公司自 1898 年以来便代表着艺术家的利益，特别是查理 · 卓别林和埃尔维斯 · 普雷斯利的利益。WMA 像准备现场表演一样精心策划时装秀，目的是重组和提高纽约时装周的知名度。然后，到了 21 世纪 10 年代中期，CFDA 决定解决时装秀日程的问题，与巴黎、伦敦和米兰时装秀不同，纽约时装秀仍然缺乏集中的日程安排。根据 CFDA 的说法，自 1943 年以来，时尚行业资深人士露丝 · 芬利（Nudell, 2018 年）开发的日程变得混乱，业内人士难以驾驭它，随后 CFDA 决定接管日程管理并对其进行重新设计。它的目标是通过将时装秀日程放在 CFDA 网站以及应用程序上，让每个人都可以访问，赋予纽约时装周一种企业精神。

米兰、伦敦和纽约面临的主要挑战之一是如何设法留住它们本土培养的、但仍更倾向在巴黎展示作品的设计师。这一挑战如此之大，以至于近几年来，三大时尚之都都实施了对年轻设计师的财政支持和指导政策。据《国际先驱论坛报》报道（《收获种子选手》，2012 年 9 月 17 日），这对于它们来说是试图通过增加对年轻设计师的支持来结束人才向巴黎和纽约流失的现象。创立于 1993 年的 New Gen，从 2001 年起由 Topshop 赞助；BFC/Vogue 设计师时尚基金于 2008 年成立，得到了博柏利、哈罗德、保罗 · 史密斯、Topshop 和 *Vogue* 杂志的支持，是英国最受尊敬的奖项之一。2011 年，BFC 时尚信托成立，将这些支持举措具体化，结果证明这是有利可图的：博柏利、保罗 · 史密斯、马修 · 威廉姆森和卢埃拉 · 巴特利于 2009 年重返伦敦时装周，让英国首都恢复了时尚之都的形象，并宣称自己是一片“实验性的土地”、一个“独特的人才库”，专业人士一直在此寻找下一个时尚天才（《创意实验室》，载于《世界报》，2012 年 9 月 20 日）。在美国，21 世纪

10 年代初有相同的举措，即使纽约时装周在几位设计师离开纽约去巴黎之后有所衰落。CFDA 围绕几个关键点展开行动：资助教育、提供奖学金；帮助年轻设计师进行职业发展，教他们发展自己的网络、使用数字技术来管理自己的品牌；举办重要时尚活动（如时装周和时尚日程）和公益活动（如 2003 年创建的 CFDA/Vogue 时尚基金和成立于 1980 年的 CFDA 时尚大奖）。为设计师提供后勤和财务支持的努力产生了效果：2018 年，去到巴黎的两个品牌罗达特和普罗恩萨 · 施罗回到纽约举办时装秀，而其他外国品牌如珑骧则在纽约举办了首个成衣秀，希望征服美国市场。对记者们来说，当时的美国时尚重新发现了构成其 DNA 的东西——某种魅力和某种怪诞——并摆脱了那些年来一直采用的纯运动装风格和纯商业逻辑。与此同时，纽约时装周成为政治的重要盟友，越来越引人注目。

时装周越来越政治化

2016 年的美国总统大选尤其为一个设计师提供了在其系列设计中表达立场的机会——马克 · 雅各布斯推出一件支持希拉里 · 克林顿的 T 恤，*Vogue* 主编安娜 · 温图尔本人在公共场合穿着它。2017 年 2 月，卡尔文 · 克莱恩的设计师拉夫 · 西蒙斯让模特们举起双臂跟着大卫 · 鲍伊的热门歌曲《这不是美国》走秀，模特们的手腕上系着白色方巾，以示反特朗普的立场。时装商业评论网站创始人伊姆兰 · 阿米德发起了“#Tied Together”活动，邀请美国所有的时尚人士佩戴抗议方巾。普拉巴·高隆等人则展示了装饰有“革命无国界”“我是移民”字样的 T 恤，以反对特朗普的移民政策。除了设计师之外，CFDA 也发起了一项支持计划生育的倡议，而计划生育受到特朗普政府的反对（《非常政治化的时装周》，载于《世界报》，2017 年 3 月 15 日）。在复杂的健康环境[1]和自乔治·弗洛伊德遇害以来美国分裂的情况下[2]，2020 年的选举再次显示了时尚如何在该国的政治生活中发挥重要作用。一些品牌，如巴塔哥尼亚、Glossier、J. Crew，在“为选举投票助力”运动中联合起来，在选举日当天关闭了它们的商店、总部和配送中心，以鼓励它们的员工和顾客参加选举投票。同时，它们还给员工放假，鼓励员工参与清点选票。路易威登男装和 Off-White 品牌的艺术总监维吉尔·阿布洛创建了“时尚未来 2020”团体，汇集了一批时装设计师。除了设计带有“模范选民”形象的服装外，该团体还出版了美国的投票权编年史。在米歇尔·奥巴马的倡议下，其他设计师同意制作带有二维码的服装和配饰，让人们可以直接在国家登记处注册，还有一些设计师则销售带有“Vote（投票）”等字样的 T 恤。（《关于时尚参与美国总统大选需要了解的 5 件事》，载于《回声报》，2020

[1] 指新冠肺炎疫情。——译者注

[2] 乔治·弗洛伊德遇害事件：2020 年 5 月 25 日，在美国明尼苏达州明尼阿波利斯市，46 岁的非裔美国人乔治·弗洛伊德因涉嫌使用假钞被捕，白人警察德里克·迈克尔·肖万单膝跪在弗洛伊德脖颈处超 8 分钟，弗洛伊德在被跪压期间失去知觉，最终在急救室死亡。事件曝光后，不少美国市民举行和平示威集会，要求公正审讯涉事警员、正视国内根深蒂固的种族歧视问题。示威很快演变成暴乱，堵路、抢掠店铺、破坏公物和记者采访时遭遇警员不合理执法等现象蔓延至全美以及同样存在种族歧视问题的其他西方国家。——译者注

年 11 月 6 日）最后，设计师们公开支持乔·拜登。他们聚集在“相信更好的”项目下，在拜登的网站上销售产品，为拜登竞选总统筹集资金。这样的举措还有很多，由一些品牌发起，这些品牌的大部分客户是富有、受过教育且本身会去投票的白人。它们对出身较贫寒的人群、工人阶级和移民群体的影响不大——这一群体较少去投票。这些举措中的很大一部分只是经济计算的结果，社会学家弗雷德里克·戈达尔如是说。不过，这个说法不适用于几个年轻品牌，例如由柯比·让－雷蒙德创立的品牌派尔·莫斯，它们利用自己的声誉来支持致力于提高年轻人及底层人群投票意识的协会（《美国选举，时尚参与了进来》，载于《世界报》，2020 年 10 月 26 日）。

在欧洲各国，时尚与政治之间的关系具有不同的性质，并朝着不同的方向发展。很少有设计师从政，而国家元首更多地会通过提供财政援助或新法规来改善设计师的生活和工作条件，以表达他们对本国时装业的支持。例如，2012 年英国出台一项签证政策，允许外国设计师完成学业后在伦敦停留两年。政治支持也具有象征意义。2012 年，英国时尚界发出强烈信号，当时的英国首相戴维·卡梅伦和妻子萨曼莎公开表达了对英国时尚的支持，而 2016 年 2 月，时任意大利总理的马泰奥·伦齐在历史上首次开启米兰时装周，并赋予时尚一个新的维度和作为国家软实力的真正角色（《意大利总理马泰奥·伦齐将开启米兰时装周》，载于《卫报》，2016 年 2 月 3 日）。在英国，时尚和政治始终保持着密切的关系。2020 年，随着英国宣布脱欧，BFC 近年来将伦敦置于国际时尚界前沿的努力凸显出来，但这一新形势同时也是对其努力的一种威胁(《英国脱欧将如何影响英国时装业？》，载于《旗帜晚报》，2019 年 3 月 13 日)，英国女王与安娜·温图尔一起出现在伦敦时装周秀场的前排。2018 年，英国女王向理查德·奎因颁发“伊丽莎白二世时尚奖”，以此表达对这种情况的认可并强调伦敦作为时尚创作中心的重要性。女王借此机会回忆说，“从赫布里底群岛花呢到卡纳比街[1]再到诺丁汉蕾丝，多年来我们的时装业一直以卓越的工艺闻名。它将继续生产世界一流的纺织品和先进的作品”(《伊丽莎白女王在 91 岁时参加了她的第一个时装周》，载于 *Marie-Claire*，2018 年 2 月 20 日)。

而在第一夫人的相关案例中，时尚和政治呈现出另一种形式。近年来，第一夫人们在代表时尚方面发挥了越来越重要的作用。这里的“代表”指的是第一夫人的个性和服装所传达的信息，她们在公开露面和出行期间受到媒体的审视。她们中的许多人在出国进行正式访问时都穿着象征国家权力的服装。她们的服装由本国设计师制作，以提高其工艺的价值并促进本国时装行业发展。美国的杰姬·肯尼迪、南希·里根，法国的卡拉·布鲁尼、布丽吉特·马克龙等都是如此。我们还注意到，作为两国对话的标志，第一夫人在出国旅行时往往选择东道国设计师制作的服装或本国设计师制作的服装但稍加变化，通过服装的颜

[1] 卡纳比街位于伦敦，邻近牛津街和摄政街，是伦敦著名的购物街，在时尚、服装领域有重要地位。——译者注

色或图案向东道国文化致意。因此，时尚被视为一种“软工具”，它将人民和文化融合在一起，以表达客人（大使）对主人的尊重。在长长的第一夫人名单中，目前只有一个人想违反迄今为止广受尊重的准则：梅兰妮·特朗普。2018 年 6 月 21 日，她访问美国和墨西哥边境的非法移民儿童时身着一件带有“I really don’t care. Do you（我真的不在乎。你呢）”标语的外套。几个月后，梅兰妮·特朗普前往肯尼亚，戴了一顶此前只有法国、英国和荷兰殖民者奴隶主戴的头盔。这是否是针对美国民主党人、媒体甚至她的丈夫——时任美国总统的唐纳德·特朗普的放肆行为或挑衅？

时装周之战

如果说不同时装周的目标和方式早已成为一种共识，那么它们如今再次成为各方争论的对象，则揭示了各时尚之都为维护其在时尚界的霸权地位而展开的竞争。虽然对于美国人和英国人来说，时装秀必须支持成衣系列商业化；但对于法国和意大利来说，时装秀更具有展示价值：它必须唤起人的梦想和渴望。这是双方在根本上的区别。或许可以说盎格鲁 - 撒克逊派品牌靠销售时装秀期间展示的单品过活，而法国和意大利品牌则并非靠销售高级定制时装或奢华成衣生活，其最重要的利润来自一切与时装秀相关的配饰（眼镜、香水、围巾、皮具等）的销售。因此，时装秀对它们来说具有真正的象征价值：它必须提升品牌的形象和创造力，引导顾客在买不到高级定制长裙的情况下购买品牌配饰，除此之外，还要在顾客心目中塑造一个奢华的品牌形象、一种法国工艺的概念。最近，一个“事件”突显了这些差异。

2015 年 12 月，CFDA 在博柏利、汤米·希尔费格、Vetements 等英美品牌的支持下，基于波士顿咨询集团公司对时装秀日程进行的一项研究，提出“即看即买”系统，即系列设计在时装秀期间展示后能够立即进行商业化，而不是像时装周诞生以来的惯例那样等待 6~8 个月——这个系统满足了市场对时效的需求：过去，时装设计师需要至少 6 个月的时间才能批量生产他们在 T 台上展示的东西。“即看即买”的目的是废除这个在社交网络高速传播的时代已经过时的系统，大规模传播它们的系列设计，这有助于快时尚品牌模仿。美国人和英国人的想法是以此适应新媒体体系和新消费。而对许多法国设计师（帕科·拉巴纳除外）和意大利设计师而言，对意大利国家时装商会和 FHCM 来说，屈服于新媒体带来的即时性压力将是一个糟糕的选择，因为这会影响作品的质量。对他们而言，“即看即买”可能对运动装、商业成衣的设计师有吸引力，即快速且容易复制的盎格鲁 - 撒克逊派品牌，但对那些生产更耗时、耗力的时装的品牌来说是有害的，也就是指法国和意大利设计师的作品，他们无法在展会后的第二天向公众销售他们的系列。正如法国媒体带有倾向性的总结所述，美国人的目标是通过这一提议，“将法国的创作转变为他们的特定模式，转向运动装、娱乐和全能商业”（《巴黎确认其时尚之都的地位》，载于《费加罗夫人》，2016 年 2 月 24 日）。而且，除了时装品质，巴黎和米兰还捍卫了时装秀后 6 个月的等待所创造的“渴望感”，这使得它们的系列设计能够潜入顾客内心，甚至构成了“奢侈品世界中的渴望”。

FHCM 的主席拉尔夫·托莱达诺在与意大利国家时装商会主席卡洛·卡帕萨达成一致后，宣布“组织反击”。他一开始就解释道：英美品牌和法国、意大利品牌之间存在差异。他称英美品牌为“消费者驱动”，也就是说，这些品牌被商业目标驱动，对于它们来说“娱乐和面向大众具有意义”。而法国和意大利的时尚品牌以寻找创意和梦想为理念，不希望其沦为商业理念并依赖买家或 Instagram 用户的意愿。因此，除了时装周的问题之外，还有一种特定的做事方式、一种对时尚和消费的特定愿景，在盎格鲁 - 撒克逊派和拉丁派之间发挥作用，他们都试图改变对方。托莱达诺进一步攻击了“即看即买”模式，以更广泛地提及盎格鲁 - 撒克逊派正试图摧毁的法国生活方式。他在讲话中作了对比：在创意之城（巴黎和米兰），时装秀品牌是精心挑选的，“不是开放式酒吧”；而在时尚之城（伦敦和纽约），时装秀则在“5 000 人的体育场中举行，还有某个摇滚明星正在唱歌”。他进一步将欧洲的“品牌价值化”与盎格鲁 - 撒克逊派的“真人秀”区分开来，并解释说：“我非常尊重美国文化，但这并不意味着我的孩子们会用汉堡填饱肚子。在我们的领域，我们没有什么可羡慕他们的，因为（在时尚方面）我们拥有不可否认的正统性和权力。”（《巴黎确认其时尚之都的地位》，载于《费加罗夫人》，2016 年 2 月 24 日）因此，我们可以看到，差异不仅在于对时装秀的思考方式不同，更多的是关于如何在世界上生存、理解世界并在其中发展的（不可调和的？）区别，世界的一部分正试图征服另一部分。

近年，新冠肺炎疫情引发的健康危机导致时尚之都间再次出现其他“政治”紧张局势。在 2020 年 5 月 21 日发布的《时装业的重置：CFDA 和 BFC 的重要信息》中，CFDA 和 BFC 同时发声，要求减少时装周的数量，同时要求虚拟时装秀优先于实体时装秀，这是出于经济和生态原因以及新冠肺炎疫情的考虑。另一面，意大利国家时装商会和 FHCM 率先反对举办虚拟时装秀的想法。卡帕萨对盎格鲁－撒克逊派的回应是：(盎格鲁－撒克逊派）他们对时尚和时装秀的商业概念是每个人都可以在线访问时装秀并以此迎合千禧一代用户，时装秀是纯粹的营销活动；而意大利和法国根本不认为时装秀是营销工具，而是一个特权时刻，是梦想和情感的催化剂，“我仍然认为我们应该每年举办四次时装周”（载于《时尚商业》，2020 年 5 月 27 日）。

尽管具有这些立场，巴黎仍在 2020 年 7 月组织了一场数字时装周。为什么呢？因为巴黎不能缺席时装周。该活动以创纪录的时长制作，并采用一系列按品牌划分的视频，按传统官方日程编排顺序，这确实显示了巴黎在多大程度上了解及时反应的重要性。尽管数位美国和意大利的设计师早在 2020 年 4 月就将自己置于参与时装周的狂热中，但巴黎采取行动的速度着实快，以保持其在竞争对手中的领先地位。正如《挑战》杂志解释的那样，“巴黎感觉到风在吹。当其他大都市——上海、纽约、伦敦、哥本哈根等——寻求在时装周的世界版图上竞争时，这座时尚之都必须捍卫自己的位置”。LVMH 时装集团主席西德尼 · 托莱达诺解释说，“巴黎赢得了我们不会放弃的位置”（《当高级定制进入 3.0 模式》，载于《挑战》，2020 年 7 月 7 日）。提供数字时装周并与油管、谷歌、脸书和 Instagram 建立合作伙伴关系，表明巴黎已经（在一段时间内？）放弃了原则，但它展示出一定的反应力和灵活性——领导力固有的两个基本面。此外，根据帕斯卡尔 · 莫朗的说法, 数字时装秀, 无论是针对特定情况（例如在新冠肺炎疫情危机下）还是出于设计师的特定意愿, 其都永远不会取代实体时装秀。他解释说,“数字世界不会取代实体世界。数字世界是经常提供不同感觉和情感的另一个世界”（《距男装“在线巴黎时装周”几个小时》, 载于《时尚商业》, 2020 年 7 月 8 日）。2020 年 9 月，FHCM 将选择实体和数字结合的形式举办时装秀。“法式”时装秀还有很多年的路要走吗?

对时尚之都而言，除了时装秀和媒体化外，人才培养问题开始在其巩固国际重要性上占据中心位置。

学校在巩固时尚之都声誉中的作用

对于巴黎、纽约、伦敦和米兰，能否保持其时尚之都地位的关键因素之一仍然是它们培养设计师的能力，这些设计师将在时尚界留下自己的印记。拥有时尚学校、作为人才提供者，极大地巩固了时尚之都在时尚界的重要性（Divert，2010 年）。学校就像芝麻一样，为毕业生打开了“所有”大门。除此之外，时尚之都还必须设法说服其培养过的设计师留在自己的土地上，这并不总是那么容易。如果说巴黎位居时尚之都榜首，那么根据媒体每年的排名，伦敦、纽约和米兰拥有“最好”的时尚学校，排名标准包括教育质量、文凭（学士、硕士或博士）、提供的培训专业（时尚设计、艺术指导和时尚传播、商务和时尚管理）以及学生就业情况和校友网络。在这里，我们将重点关注在巴黎、伦敦、米兰和纽约的这些学校的重要性，当然，我们也不能忘记其他学校在时尚界的影响，例如比利时的坎布雷国立视觉艺术高等学院、安特卫普皇家艺术学院和东京的文化服装学院。

英国、美国和意大利拥有一些在世界上最知名的时尚学校，无论是在教育方面还是在学生就业方面，业内对它们的认可度都很高——虽然它们不是最受认可的。这些学校为年轻设计师融入专业世界而提供的支持构成了它们的优势——法国的学校在这一点上落后了。在伦敦，有三家主要的学院：（设计师）周仰杰的母校伦敦时装学院（LCF），丝黛拉·麦卡妮、菲比·费洛、里卡多·提西、约翰·加利亚诺、亚历山大·麦昆和侯塞因·卡拉扬的母校中央圣马丁学院（CMS），以及被誉为“时尚界哈佛”的皇家艺术学院——它见证了克里斯托弗·贝利和桑德拉·罗德斯的崛起。在纽约，有两家主要的时装院校：卡尔文·克莱恩和史蒂芬·巴罗斯的母校纽约时装技术学院，该学院还受益于靠近时装技术学院博物馆，师生能够在博物馆内观察纺织品并了解它们是如何制作的；隶属新学院的帕森斯设计学院则培养了设计师汤姆·福特、唐娜·凯伦、马克·雅各布斯和亚历山大·王。在意大利，我们注意到马兰戈尼时装学院非常重要，该学院主要培养了拉胡尔·米什拉、弗兰科·莫斯奇诺等。

这些已然名声在外的英国、美国和意大利学校对塑造时尚界格局做出了很大贡献，今天对于它们的挑战与其说是它们已经拥有的卓越教育质量，不如说是能否教育出具有商业意识而不仅仅具有创意的设计师。这就是为什么近年来英国、美国和意大利的相关学校在补贴和国家公会的支持下，押注于针对年轻设计师的辅导系统，该系统是由时尚界专业人士教年轻设计师如何让自己更加专业，发展自己的品牌、制定传播策略，寻找投资者。在这三个国家，公会在这些举措中发挥了关键作用。在英国，我们之前提到过的 New Gen 和 BFC/Vogue 设计师时尚基金就属于这种情况。美国方面，CFDA 设立了杰弗里·比尼设计奖学金和丽诗加邦设计奖学金。意大利国家时装商会在 2015 年创建了米兰毕业时装秀以及 CNMI 绿毯时尚大奖赛——该竞赛支持设计环保和意大利制造时装的设计师。

除了对年轻设计师的补助外，我们还注意到盎格鲁 - 撒克逊派在时装学校和商学院之间建立了许多合作伙伴关系。在英国，伦敦经济学院、欧洲工商管理学院、斯坦福大学和中央圣马丁学院建立了友好关系，旨在为时装设计专业的学生提供额外的商业培训，其培训原则是年轻人才不能再简单地将时尚视为一种艺术和创造性行为，他们还必须将其视为一种商业活动。在美国，CFDA 与纽约大学的斯特恩商学院建立了合作伙伴关系，以便设计师们能够从商业课程如财务分析、商业规划、商业战略中受益。新技术培训的问题在所有拟议的伙伴关系中是另一个关键点。我们还看到非国家权力——主要是 GAFA——如何渗透到时尚教育领域。例如，谷歌与 BFC 建立了合作伙伴关系，以“通过高科技研讨会推动这些年轻品牌的数字化战略”，BFC 意识到了这些年轻设计师在网络上展示自我的重要性（《英国时装协会，来自伦敦的呼吁》，载于《费加罗夫人》，2014 年 2 月 17 日）。微软于 2018

年与伦敦时装学院合作，为学生提供新技术培训；而在皇家艺术学院，学生们可以使用达索系统开发的创新技术。这种对年轻设计师的结构化且长期的支持是盎格鲁－撒克逊派国家促进下一代设计师发展的真正资产——这方面在法国发展困难，即使有让－皮埃尔·布朗于 1986 年创立的耶尔国际时尚摄影节颁发的时尚奖以及娜塔莉·杜福于 1989 年创立的法国国家时装艺术发展协会（ANDAM）时尚大奖，两者都抱有帮助年轻设计师发展其品牌的愿望。

在法国，时尚学院是时尚行业的致命弱点。目前，学生主要可以选择五所时尚学校：文化部下属的国立装饰艺术学院（ENSAD）；法国高级时装学院（ESMOD），培养了蒂埃里·穆格勒和奥利维尔·鲁斯汀；杜佩雷高等应用艺术学院；巴黎高级时装公会学院（ECSCP），其与巴黎高级时装公会关系密切，培养了安德烈·库雷热、卡尔·拉格斐、伊夫·圣罗兰和瓦伦蒂诺；法国时装学院（IFM）。老旧的法国时尚学院已经被盎格鲁－撒克逊派的学院取代，这些学院提供的教育和就业政策对来自世界各地的学生来说更具吸引力。巴黎最近意识到，要保持其作为时尚之都的地位，它需要改进时尚教育服务，使其在国际上既可见又有吸引力。2015 年，法国文化部委托琳·科恩－索拉勒就法国的时尚教育和职业化问题作报告。在这份鉴定报告中，科恩－索拉勒指出，“（法国时尚）教育体系不完整且分布非常不平衡，极少有公立学校课程，各学校身份过时、与 LMD（学士、硕士、博士学位）系统脱节且不被大学系统认可，没有从事时尚研究的教授”（《触手可及的智慧和才能：时尚、创意产业和增长引擎》，2015 年 2—10 月）。至于法国的私立学校，它们数量众多但结构多样，缺乏系统性，提供 3 年或 4 年以上的课程，但不出具国际认可的文凭（触手可及的智慧和才能：时尚、创意产业和增长引擎》，第 11 页）。科恩 - 索拉勒还强调，私立或公立学校缺乏对刚毕业的年轻设计师的支持，“法国没有独特的孵化器或培养机构来支持时尚公司的建立”（触手可及的智慧和才能：时尚、创意产业和增长引擎》，第 17 页）。该报告播下的种子催生出多项时尚教育和职业化举措。2019 年，巴黎高级时装公会学院与法国时装学院合并，后者于 1986 年在法国工业部的支持下创立。这个想法是让以商业、传播和市场营销培训闻名的法国时装学院与植根于技术培训的巴黎高级时装公会学院强强联合。这所学校由爱马仕、LVMH、香奈儿这三大奢侈品企业带领，其目的十分明显：创建一个在创作、管理和技艺上都是世界标杆的学校，以成为“巴黎时尚派”，正如“我们在绘画方面说的巴黎画派”，拉尔夫·托莱达诺在 2016 年如此说道（《安妮·伊达尔戈和拉尔夫·托莱达诺：“巴黎的时尚是法国的硅谷”》，载于《费加罗夫人》，2016 年 9 月 4 日）。因此，它的雄心与法国时尚在世界上的影响以及与英美时尚学校“竞争”的愿望密切相关。2019 年 1 月 8 日，法国时装学院和巴黎高级时装公会学院签署合并协议时，法国经济和财政部长布鲁诺·勒梅尔和文化部长弗兰克·里斯特也在场，勒梅尔解释说：“将来，当世界各地的人们问起世界上最大的时装和设计学院是哪一所时，我们会自发回答：‘它在巴黎，它就是法国时装学院！’”

除了学校以外，还有 FHCM 和服装发展与促进委员会（DEFI）为支持年轻设计师而设立的项目：在 2012 年创建设计师空间后，FHCM 在 2020 年 1 月创建了巴黎时装周“SPHERE”时尚展厅，以推广新兴设计师和“New Now”数字平台——该平台可提高新兴人才的知名度。FHCM 还成立了时尚大学校[1]联盟，以“汇集法国最重要的时尚学校，无论是管理、创新还是技艺领域的学校，旨在追求卓越和国际影响力”。它的目标是统一文凭，“以使文凭更好地被国际承认”，以及进行国际游说以吸引更多的外国学生。此外，“年轻公司计划”的设立让年轻品牌有机会参加本国（如“Première Classe”展、“Who's Next”展等）和国外（如“Mode in France”东京展、莫斯科 CPM 展、基辅轻工纺织及服装展等）的贸易展会，还可以进入时尚展厅和数字时尚平台，以便买家了解。大型奢侈品集团也意识到支持未来设计师的意义，设立了一些奖项，例如，2014 年 LVMH 集团为年轻时装设计师设立了 30 万欧元的 LVMH 青年设计师大奖。

可以说，对于时尚之都来说，培养未来设计师的能力是一项真正的资产，而对时尚之都的评判还在于它们宣传自己历史和时尚遗产的才能，这些是其文化影响力的真正标志。

---

[1] 大学校：也译作专业学校、高等专业学院。法国教育部将其定义为通过入学考试录取学生并确保优质教学的高等院校，入学考试在为期两年的大学校预科班学习后进行，与只需法国业士文凭即可取得入学资格的公立综合性大学是不同的高等教育体系。相对于综合性大学，大学校规模小、专业性更强，更重视教学与实践的结合，以培养高级专业人才而出名，在法国就业市场上得到很高的认可，被称为法国的精英教育。——译者注

让时尚成为文化，从而闪耀国际

时尚遗产现在已成为时尚之都之间进行文化竞争的关键，时尚之都展开文化竞争的目的是在国际舞台的商业和文化领域占有一席之地。首先是公立博物馆机构对时尚生出兴趣，以期保护国家遗产。从 19 世纪末开始，服装进入欧洲博物馆的纺织品收藏中。到了 20 世纪，时尚发展成一种文化产业（Adorno，1947 年；Voirol，2011 年），通过建立专门的时尚博物馆在博物馆领域占据了充分的位置（Petrov，2019 年；Marchetti，2015 年；Bruzzi 等人，2017 年）。自 20 世纪末以来，城市、国家和国际层面的众多参与者都开始推广时尚遗产。更近些时候，各品牌开始重视本身的历史和传统（Anderson，2000 年；Steele，2007 年）。它们的目标是双重的：一方面，使自己的经营活动正统化，这通常被简化为工业或商业活动；另一方面，加强自己的品牌形象并与其他品牌区分开来。这个目标对它们来说至关重要，因为在一个日益全球化的世界里，当百年时尚品牌由不同国家的艺术总监领导，奢侈品集团同时拥有法国、意大利、英国和美国的时尚品牌时，各品牌越来越难显示各自的美国特色、意大利特色或法国特色并脱颖而出。宣传自身的历史对它们来说是一个有效策略。毕竟，不正是品牌创始人（如克里斯汀·迪奥和拉夫·劳伦）的个性和经历让迪奥和拉夫·劳伦品牌被视为典型的法国和美国品牌吗？这些品牌的档案类似皮埃尔·诺哈的“记忆之地”（Gilbert，2006 年，第 29 页；Nora，1989 年），它们构成了抵抗遗忘的壁垒，是颂扬技艺和国家创造力的场所，甚至是对历史的改写或升华。毫不奇怪，最耀眼的时尚之都拥有最先进的基础设施以推广其传统。

在法国，博物馆对时尚的引入与英国形成了竞争。1852 年在伦敦创建的维多利亚和阿尔伯特博物馆（V&A）于 1913 年开设了一个专门展示纺织品的陈列廊，并于 1978 年加入了服装展示单元。作为回应，中央装饰艺术联盟（UCAD）于 1882 年在法国成立，该协会提倡“美而有用”。它于 1905 年创立了装饰艺术博物馆（MAD），该博物馆拥有大量纺织品收藏。在 20 世纪 80 年代初，装饰艺术博物馆与法国服装艺术联盟（UFAC）关系密切。法国服装艺术联盟于 1948 年在弗朗索瓦·布歇的支持下创建，由伊冯娜·德朗德领导，拥有大量服装收藏。结为联盟后，二者于 1986 年组建了时装艺术博物馆，并于 1997 年更名为时装及纺织博物馆。如今，该博物馆收藏了从 14 世纪至今，超过 16 000 件服装、35 000 件配饰和 30 000 件其他纺织品。与此同时，早在 20 世纪 20 年代，巴黎就打算在莫里斯·勒卢瓦于 1907 年以服装历史学会的名义收藏的 2 000 件作品（1943 年由玛德莱娜·德尔皮埃尔分类）的基础上，建立一个服装博物馆，并在卡纳瓦莱博物馆和现代艺术博物馆展出这些藏品。盖里耶拉宫于 1977 年被选为这座时尚和服装博物馆的所在地。而在大西洋彼岸，1870 年在纽约创建的大都会艺术博物馆（MET）自 1932 年起开始展出时装，尽管当时它的藏品主要是表演服装。1946 年，创建于 1937 年并拥有表演服装藏品的服装艺术博物馆并入大都会艺术博物馆，成为服装学院，于 2009 年收纳了布鲁克林博物馆的藏品。时装技术学院博物馆于 1967 年在纽约成立，是保存着最丰富的时装和其他纺织品收藏的机构之一。最近的，伦敦在 2003 年建立了一个时装和纺织品博物馆，以桑德拉·罗德斯的藏品为基础，专门展示 20 世纪 50 年代至今包括时装在内的纺织品。

时尚博物馆的开放使时尚展览本身成为一种特色，以不同的形式——时装设计师的特展、特定时代的入门技巧、特定主题的研究来体现，并确立为一种文化现象（Taylor，2004 年；Petrov，2019 年）。自此，每个时尚之都都将时尚视为像绘画或雕塑一样的正统展览对象——主要艺术和次要艺术之间一直存在等级差异，直到今天这仍是悬而未决的争议。各时尚之都还通过推广自身的遗产及历史，与其他城市区别开来。最初的推动力来自美国。1983 年，在 *Vogue* 和 *Harper's Bazaar* 前总编辑戴安娜 · 弗里兰的影响下，举办了一场致敬当时仍在世的优秀设计师的展览："伊夫 · 圣罗兰：25 年的设计"。在随后的时装展览中，我们注意到以 V&A 为首的英国举措、以大都会艺术博物馆为首的美国举措以及以盖里耶拉宫和装饰艺术博物馆为首的法国举措。这些机构的展览包括著名时装设计师特展如香奈儿或亚历山大 · 麦昆作品展，关注时尚中的宗教或自然问题的主题展，颂扬"疯狂年代"或 20 世纪 50 年代的时代展。它们见证了一批著名策展人的诞生，从伊冯娜 · 德朗德到哈罗德 · 柯达、佛罗伦斯 · 穆勒、奥利维尔 · 萨亚尔和朱迪思 · 克拉克，一直到安德鲁 · 博尔顿。有关他们的媒体报道极大地提高了时尚之都的文化影响力。

多年来，时装展览促进了时装秀的民主化，并成为其举办国影响力的重要组成部分。每个国家都展出有创意的主题作品和从拍卖会或私人收藏家处获取的或古老或新颖的作品，并试图借此超越其他国家。无论展览是在非凡的环境中举办——利用最先进的技术工具（全息照片、机器人技术等），还是委托给当时掌管时尚品牌的艺术总监或设计师——我们想到了 2014 年在装饰艺术博物馆展出的德赖斯 · 范诺顿品牌作品展以及 2015 年由品牌艺术总监阿尔伯 · 艾尔巴茨为让娜 · 浪凡品牌举办的展览——时尚展览都有助于提升时尚之都的文化和遗产的重要度。因此，巴黎时装周与时尚博物馆建立合作伙伴关系以方便买手和记者参观时尚展览，也就毫不令人意外了。

进入 21 世纪后，时尚展览不断增多，反映出公立机构在其文化和经济战略中赋予了时尚越来越重要的地位。产生这种热情的主要原因是什么呢？事实上，时尚已经成为展览成功的保证。能够面向广泛的受众，包括女性和男性、个人和学生，并能销售许多衍生产品（如马克杯、环保袋、T 恤等）：时尚展览已成为天赐的经济良机。盖里耶拉宫的前馆长奥利维尔 · 萨亚尔解释，时尚展览成功的原因在于参观者与其所看到的事物之间有接近性："推开当代艺术展览的大门往往令人生畏：面对一块放置在地上的木头，公众可能并不能够理解。至于时尚，我们每天都穿着它，我们在杂志上看到它。这是一种自然而然获得的文化"（载于《费加罗报》，2013 年）。事实上，时尚影响着"每个人"。每天早上，每个人都要穿衣服并"选择"他们的衣服。时尚对于年轻一代来说特别重要，对于艺术家来说也是如此。它是个人表达身份和想法的一种方式。

为了在成功的道路上坚持下去，近年来时尚展览越来越景观化，达到了所谓"重磅展览"的地步：展示奢华时装时，通常由场景设计师和艺术家布展。在音乐、氛围和场景布置上，时尚成为一种景观，一种刺激参观者感官的体验。结果证明，这些投资是有回报的：2011 年时装设计师麦昆的"野性之美"回顾展在伦敦 V&A 和纽约大都会艺术博物馆展出，吸引了 1 154 552 名参观者；在巴黎举办的、展地超过 3 000 平方米的"克里斯汀 · 迪奥，梦中设计师"特展吸引了超过 700 000 名参观者。时尚展览确保每个主办国具有巨大的吸引力，以吸引众多参观者。此外，为了触及那些无法旅行的人，时尚展览和其他展览一样，已经习惯于环游世界，以进一步扩大一个国家的文化和文化遗产[1]影响力。“让·保罗·高缇耶的时尚星球”展览五年间在12个国家巡展就是一个例子，“克里斯汀·迪奥，梦中设计师”特展也是如此。为了进一步增加时尚之都的文化和象征意义，它们的展览也越来越数字化，以便尽可能多的人可以观赏。该领域的领导者谷歌文化学院与数家国际博物馆建立了合作伙伴关系，以“我们穿着文化”为宣传口号，在线展示博物馆展览以及它们收藏的标志性作品。谷歌依靠街景、艺术相机拍摄等尖端技术获取超高清图像，使时尚传承更加华丽。

时尚展览作为不可否认的软实力工具，已成为时尚之都文化与文化遗产开放度以及技术与工业前卫性的晴雨表，似乎它们的博物馆和它们的时尚产业一样，都从举办此类展览中受益。对于博物馆来说，这些展览为它们带来了全球知名度——在今天有社交网络的情况下更是如此。对于时尚产业来说，被历史悠久的博物馆认可是一种抹去它“肤浅”标签的手段，至今仍经常有人认为时尚肤浅。此外，装饰艺术博物馆的馆长奥利维尔·加贝解释说，时尚之所以出现在博物馆，因为后者（博物馆）是西方国家身份的最后一个伟大象征：“这是一个如

[1] 文化遗产：法语原文为“patrimoine”，指历史留存的有形及无形资产，而非个人留下的遗产，如欧洲文化遗产日，法语为“Journées européennes du patrimoine”，本书出现的该词均为此意。——译者注

此强烈的象征，以至于时尚进入博物馆后，也就进入了西方世界”（《进入博物馆的时尚》，载于《解放报》，2015 年 4 月 17 日）。事实上，无论是（巴黎）大皇宫（2015 年的让·保罗·高缇耶作品展）、小皇宫（2010 年的伊夫·圣罗兰作品展）、奥赛博物馆（2012 年的印象派与时尚展），还是大都会艺术博物馆或 V&A，这些机构都享誉全球，为时尚带来新的共鸣与独特的正统性。不过，虽然展览已成为软实力的工具，但它们仍然是非常“能达成共识的”，传达着时尚的某种“形象”。诚然，当它们不是品牌广告策略的结果时，则是对明星设计师和富裕阶层穿着的奢华时装的颂扬。很少有展览敢于退后一步并推出不那么令人期待的主题、超越将时尚作为一种趋势的简单想法。此外，这些展览也主要集中在展示西方国家的创作上，一些不专门从事时尚展览的机构例外，例如，吉美博物馆于 2017 年在巴黎举办了和服展览，又于 2019 年举办了韩国设计师李英姬的特展。

在过去的 15 年里[1]，奢侈品牌将时尚融入文化并不断发展相关产品，这与博物馆的举措同步。这种演变是渐进的。第一步，这些品牌创建了内部档案部门：圣罗兰、浪凡、香奈儿、迪奥在购买场地和设备方面投入了大量预算，以便对其品牌遗产进行归档。这些品牌不断丰富自己的收藏并在尽可能好的条件下保存它们，已经有一些藏品可以借给国际博物馆展出，这些藏品同时为它们的艺术总监提供当代创

[1] 应为 2006—2021 年。——译者注

作的灵感。这些品牌还利用清点的档案，在传播和文化的十字路口创造营销工具，如它们的内部展览和为内部团队提供的出版物。第二步，这些品牌在世界著名的和高度旅游化的博物馆中创建了专题展览：圣罗兰在大都会艺术博物馆展出后，于 2010 年又在小皇宫举办了展览（吸引了 25 万名参观者）。同样的，路易威登也在一些展览中展示自己，包括 2012 年在装饰艺术博物馆举办的“路易威登 – 马克 · 雅各布斯”展览（吸引了 20 万名观众），该展览将品牌创始人和当时的艺术总监的作品结合了起来。2015 年，由罗伯特 · 卡森布展的“飞行，航行, 旅行”（吸引了 20 万人次）特展在大皇宫再现了海滩、邮轮景观，现场甚至还有一辆移动的火车。这个展览随后于 2016 年在日本东京、2017 年在韩国首尔和美国纽约、2018 年在中国上海巡回展出。浪凡则于 2015 年在盖里耶拉宫举办了首个回顾展“让娜 · 浪凡”。迪奥在 2017 年走进装饰艺术博物馆, 举办了一场大型展览“克里斯汀 · 迪奥，梦中设计师”，展览基于大量档案并由该品牌自己出资，随后在美国、英国和中国巡回展出。香奈儿则于 2013 年在（巴黎）东京宫举办“香奈儿 5 号文化”主题展览。早在 2007 年，香奈儿就创建了自己的巡回展览系列，名为“香奈儿文化”，讲述嘉柏丽尔 · 香奈儿和香奈儿的故事。这些系列展览主要在东欧和亚洲城市举行，因为香奈儿的客户大多在这些地区：2007 年在莫斯科，2011 年在上海和北京，2013 年在广州，2014 年在首尔。2016 年，香奈儿文化进入威尼斯的国际现代艺术画廊佩萨罗宫，举办了“阅读的女人”主题展览。当品牌创建了自己的私立博物馆，就达到了第三阶段；而当奢侈品集团开设基金会时，就到了更高阶段。这些标志着品牌愿意将自己的历史铭刻在一个永久的物理场所：一个供游客参观的空间，但也是一个可供生活的空间——配备了书店，通常还有咖啡馆。在世界时尚之都之一拥有一个自己的专属地，有助于建立品牌声誉，使其成为城市地理的永久组成部分——博物馆或基金会外部通常设有指示标牌，在街道和地铁出口处引导游客，以此让自己成为城市的"一部分"。开设基金会后，圣罗兰在 2017 年又开设了博物馆，以展示伊夫·圣罗兰本人从 20 世纪 60 年代中期就开始整理的档案。路易威登在阿涅尔开设了一个展览馆，也正是在阿涅尔，曾经和现在仍然生产硬箱。而时装设计师阿瑟丁·阿拉亚的遗产则成为同名基金会的核心。古驰于 2018 年在意大利的麦坎齐亚宫开设了古驰花园。花园由玛丽亚·路易莎·弗里萨监管，结合了展厅、精品店和餐厅。我们还注意到，萨尔瓦多·菲拉格慕博物馆于 1995 年在佛罗伦萨的斯皮尼·费罗尼宫开幕。还有米科尔·丰塔纳基金会，自 1994 年以来该基金会一直保存着丰塔纳姐妹的作品。时尚品牌希望在与艺术界的关系中找到知识和艺术的保证，这与阿涅斯·b. 基金会、路易威登基金会、普拉达基金会和皮诺基金会等奢侈品集团开设当代艺术基金会的目标一致。

更为普遍的现象是，近年来，奢侈品牌和奢侈品集团在文化方面的投资越来越大。2017 年 4 月 11 日，路易威登在卢浮宫博物馆举办了一场晚宴。宴会就在展示《蒙娜丽莎》的展厅里进行，发布了视觉艺术家杰夫·昆斯设计的“路易威登大师”系列手袋，手袋再现了伦勃朗、梵高和鲁本斯的名画——每位画家的签名以金色字母的形式出现在手袋上，杰夫·昆斯的姓名首字母也以路易威登品牌标志（替代路易威登经典字母组合）的形式出现在手袋上。还有什么比这个结合了当代艺术、奢侈品和博物馆的设计更好，或者更有争议的呢？“卢浮宫和路易威登在全世界推广法国文化和技艺。它们都是历史、传统和向世界开放的能力的大使”，该品牌向《世界报》解释说。（《博物馆增加与奢侈品牌的合作》，载于《世界报》，2017 年 5 月 25 日）仔细观察后我们可以发现，时尚、艺术和博物馆之间的微妙联系有多种形式：例如，我们经常可以看到，一个品牌和一个博物馆合作组织的文化活动往往是两者金融交易的“掩护”。如 2000 年，纽约古根海姆博物馆的馆长在阿玛尼品牌向该博物馆捐赠 1 500 万美元后，组织了一场关于阿玛尼品牌的展览；同样的，路易威登在大皇宫举办的“飞行，航行，旅行”展览，也是在 LVMH 集团赞助大皇宫之后。2015 年，出现了另一个举措，该举措将建筑、时尚和博物馆交织在一起：建筑师伦佐·皮亚诺为纽约惠特尼博物馆重新开放、设计了大楼，并借其落成典礼的机会为麦丝玛拉设计了一个手袋……文化与时尚、艺术与工业之间的这些联系绝非新事物，反而产生了一个在时尚界越来越常见的问题，即文化遗产的商业化和金融化。

在全球化下
迎来新的
时尚地缘政治挑战

VERS DE NOUVEAUX ENJEUX GÉOPOLITIQUES DANS LA MODE À L'HEURE DU GLOBAL

正如我们所看到的，自 19 世纪末以来，时尚界吸引力和竞争力的中心在巴黎、伦敦、米兰和纽约之间分布。在整个 20 世纪和 21 世纪，这些城市都把时尚作为其国际定位和影响力的一个焦点。四大时装周之间彼此相随，就像美国的奥斯卡金像奖紧随法国的法国电影凯撒奖，而法国电影凯撒奖又紧随英国的英国电影学院奖一样。正如学者大卫·吉尔伯特在 2006 年所解释的那样，时尚已经并将继续在世界的空间化中发挥关键作用，它将世界划分、分割、标记和归类为一种地方等级体系，每个地方有着或多或少的重要性（Agnew，1998 年；Crewe，2017 年）。事实上，长期以来，人们一直认为时尚界被划分为制作定制时装的拉丁派时尚之都和生产成衣的盎格鲁 - 撒克逊派时尚之都。如果说这种划分在今天仍然是有形的，那么在过去的十年里，随着时尚产业重组，它也不得不组织时尚中心新地理，甚至应对挑战 19 世纪末以来的秩序的新客户。事实上，在 21 世纪，巴黎、伦敦、纽约和米兰的时尚产业面临着三大“竞争”——新的创意城市的崛起，奢侈品产业全球化涉及的它们必须适应的新市场的开放，快时尚所体现的新的生产、营销和销售模式的出现，三者必须与时尚之都共存（Gilbert，2006 年，第 31 页）。换句话说，时尚之都面临的挑战是一个新的时尚系统的出现。

“四巨头”之外的时尚中心：对既定规则的质疑？

“在这世界上的某个地方总有一个时装周”，2017 年 3 月 7 日刊载于《纽约时报》的这一标题反映出过去十年中时尚城市激增，每个城市都有一个时装周。几年来，当巴黎、伦敦、米兰和纽约一直在质疑其行业的运作状况和时装周的影响时，时装周却正在世界各地涌现。据《纽约时报》报道，这些小型时装周有不同程度的成功，而它们是一种迹象，表明传统上被视为四大时装周举办地外围的国家正试图超越其作为纺织品生产商、组装商或消费者的传统角色，在参与时尚创造过程的同时，还努力参与国际交流——时装周正是这方面的跳板。人们认可时尚中心是富裕和发达国家群体的一个标志，甚至是一个“品牌形象”，认为时尚是吸引游客、记者和买手甚至奢侈品牌的。正如大卫·吉尔伯特（2006 年，第 4 页）所说，时尚被视为并被用作一种符号，以宣示某种城市现代性和全球地位。

2015 年，在纽约时装学院举办的“全球时尚之都”展览中，时尚史学家瓦莱丽·斯蒂尔探讨了出现的四大时尚之都以外的 16 个时尚之都：首尔、拉各斯、东京、圣保罗、约翰内斯堡、基辅、上海、哥本哈根、马德里、墨西哥城、斯德哥尔摩、柏林、圣彼得堡或莫斯科、悉尼或墨尔本、伊斯坦布尔和孟买。这份名单远未完成，而且每年都在增加。我们可以加上特拉维夫、达喀尔、拉合尔、新德里、洛杉矶和阿拉木图，这些地方在近些年都举办了时装秀。

设计师阿布扎尔·伊萨·别科夫是哈萨克斯坦阿拉木图人，在英国中央圣马丁学院接受过教育。2016 年哈萨克斯坦组织了一次有外国买手和记者参加的时装周，这对当时处于“后苏联时代”的哈萨克斯坦来说是一个时尚领域的真正的成功标志。大多数时候，这些新时尚之都的时尚产业都得到了国家政府的支持，因为政府认为这是一种新的宣传方式，国家可以通过推广地方技艺来获得新的知名度，在时尚产业中宣告自己的身份和独特性，并在事实上将自己与其他时尚中心区分开。

巴西的情况尤为如此，自 1996 年以来，时尚和圣保罗时装周被视为该国社会和经济发展的一种手段。2008 年，巴西在时尚方面又迈出了一步：一项法律承认时尚是巴西文化认同的一种形式，并将其纳入政府计划。巴西设计师们没有与“四巨头”竞争的野心，现在只想发展他们的民族时尚。

哥本哈根的情况则有所不同。十年来，作为丹麦的首都，哥本哈根一直在发展本土服装产业，目的是使哥本哈根成为世界第五大时尚之都。丹麦时装学院创建于 2005 年，在这一年时装成为丹麦第四大出口产业（《哥本哈根来信：等待中的时尚之都》，载于 *WWD*，2008 年 6 月 5 日）。从那时起，哥本哈根时装周持续发展，这得益于一些品牌的成功, 如萨姆索 · 萨姆索（1993 年）、甘尼（2000 年）、玛莱娜 · 比格尔（2003 年）、斯汀 · 戈雅（2006 年）、罗塔特（2018 年），还有塞西莉 · 班森（2005 年）——它于 2017 年入围 LVMH 青年设计师大奖，2018 年入围法国国家时装艺术发展协会时尚大奖。丹麦风格兼具功能性和女性化、极简主义、单色和超大廓形，但它并不是哥本哈根时装周影响力日益增长的唯一原因。这些品牌强大的数字影响力，以及最重要的——它们投入的道德和环保时尚理念，使哥本哈根能够宣称自己是一个风格之都，而且在某种程度上通过重新思考其生产和消费模式，其可在未来成为时尚之都。2020 年 1 月 28 日，哥本哈根公布了 2020—2022 年可持续发展计划，该计划的核心目标是通过减少时尚对社会和环境的影响来重塑丹麦时装周。

在其他国家，越来越多的“小城市”——而不是相关国家的首都，都在时尚舞台上定位自己。美国的波特兰、凤凰城和查塔努加就是这种情况，它们组织自己的活动，其形式和时尚之都纽约的时装周相去甚远。据《世界报》报道，这些城市有以下目标：“推广环保设计，吸引投资者或让本地区的模特走上 T 台”(《有关时装周的三个问题……》，载于《世界报》，2012 年 10 月 9 日)。

这些例子表明，即使巴黎、米兰、纽约和伦敦由于其历史和行业组织的原因仍能保持时尚之都的称号，时尚的吸引力也正在去中心化。除此之外，这些例子更普遍地揭示了去中心化、去等级化和将被认为是西方特质的事物去西方化的重要性（Boucheron，2013 年；Gaugele 和 Titton，2020 年)。对时尚来说是这样，对艺术、电影和文学来说当然也是如此。时尚不只是出现在西方的现象，对此我们甚至不需要追溯到古代丝绸之路来说明，重要的是强调 20 世纪初欧美四大时尚之都的出现在很大程度上要归功于产品、原材料、技术交流以及从亚洲、非洲和南美洲国家到西欧和北美国家的移民潮。换句话说，法国、美国、英国和意大利的时装产业能够发展，要归功于外国的技艺、原材料和产品（Green，1998 年；Kurkdjian，2020 年 a)。除了这个新的角度之外，明智的做法是退后一步，观察被认为处于时尚中心边缘的国家在这些年是如何成为服装和时尚创造逻辑的一部分的，或许它们被四大时尚之都支配的时尚影响，但同时，也是最重要的，受到当地技艺和民族遗产的影响。

巴黎、米兰、伦敦、纽约构成的中心和世界其他地方之间的既定时尚等级制度是一种文化帝国主义扩张的结果，需要放在后帝国主义和后殖民主义的政治、历史和文化框架内重新思考（Gilbert，2006 年，第 14 页)。重新评估时尚中心的等级制度需要一种思维方式，抛弃许多被认为正确的想法和表征，即人类学家阿尔君·阿帕杜莱（1990年）描述的所谓“景观”（媒体景观和思想景观）。日本的例子揭示了心理表征对时尚的影响，其会导致对某些时尚中心的高估，从而损害其他时尚中心。社会学家川村由仁夜研究了20世纪70—80年代东京作为一个时尚中心崛起的现象，他解释了日本首都是如何长期作为设计师和消费者的时尚副都的（Breward和Gilbert，2006年）。其主要原因是巴黎作为唯一的时尚之都，在日本人的集体想象中占据了主导地位——换句话说，要改变外国和日本客户、记者和买手的心理景观是很困难的，对他们来说，时尚就是巴黎，而巴黎就是时尚。这种自卑心理在日本设计师身上也有，对他们来说，时尚是一个属于西方的概念（Kawamura，2006年，第56页）。据川村由仁夜说，20世纪70年代，东京作为创意中心出现是以一种迂回的方式实现的——通过在巴黎举办时装秀的日本设计师如高田贤三，他们那具有“异国情调”且“令人耳目一新”的创作被媒体广为宣扬。当时巴黎仍然是设计师为获得专业认可和赞誉而开展的时装秀的举办地点，日本设计师们则一直因其被描述为“异国情调”的系列作品而受到赞誉。“异国情调”是相对于西方的时尚理念而言的，即外国的、不寻常的甚至荒诞的。在20世纪80年代，情况发生了一些变化，三位前卫的日本设计师三宅一生、山本耀司和川久保玲对和服褶皱的运用重塑了西方时尚的本质和美学。西方时尚开始融入它所陌生的时尚元素，而日本凭借繁荣的经济，提高了自身在时尚界的地位。日本美学通过欧洲特别是法国的时装周再次被强调——这得益于在巴黎举办时装秀的日本设计师，却阻止了东京成为国际舞台上的时尚之都，因为东京不像巴黎、米兰或伦敦那样有时尚相关的商业、法律和公会结构，也没有时尚日程。东京只是在努力成为亚洲舞台上的一个时尚之都，吸引韩国和中国的买手。人类学家胡迪塔·努拉·穆斯塔法表示，在经常被称为“非洲巴黎”的达喀尔也可以看到类似现象，这加强了塞内加尔次空间在法国“超级”空间面前的从属地位（Breward 和 Gilbert，2006 年，第 178 页）[1]。

对巴黎、米兰、伦敦和纽约来说，承认其他时尚国家的重要性及其技艺是近来才有的，但这种观念正在形成。这是在全球化加剧的背景下发生的，自 21 世纪 10 年代初以来，针对主要奢侈品牌“文化占用”的指控成倍增加。按照人类学家莫妮克·尤迪－巴里尼的说法，如果说“用别人的一部分塑造自己”是所有社会的共性，并且所有身份都是混合的、穿插各种不同影响（Derlon 和 Jeudy-Ballini，2015 年；Lévi-Strauss，1977 年），那么文化挪用则超越了这种人为拼接的想法。文化挪用是指来自另一种文化的个人使用某一种文化的元素，不是将其作为交流或对话的结果，而是作为统治背景的一部分。当一个强势国家从一个弱势国家挪用知识和技艺而不通知当地行为者时，文化挪用就发生了。在这种情况下，借来的元素并没有给它的来源国带来任何东西，但对借用国有好处。时尚，由于高度视觉化和媒体化的性质，

[1] 达喀尔是塞内加尔首都。——译者注

是一直备受争议的文化挪用领域之一，这并不是因为西方设计师使用了非洲或东方的技术或纺织品，而是因为他们在使用时不是对其进行引用或将其放回原有的背景和象征下——换句话说，当文化挪用变成文化剥削，以牺牲某一种群体为代价的时候。这不是一个新现象。在20世纪初，保罗·博瓦莱因其东方主义创作而闻名；在1967年，伊夫·圣罗兰则推出了他的班巴拉系列，向班巴拉艺术（班巴拉是马里最重要的民族之一）"致敬"。伊夫·圣罗兰没有雇用马里工匠来制作他的作品，这些作品却被誉为对非洲文化的爱的宣言（《文化占用是什么》，载于《费加罗报》，2019年5月1日）。时至今日，随着社交网络的出现，对文化挪用的指责之势越来越猛：2012年，维多利亚的秘密时装秀上，模特佩戴了美国原住民的头饰；2017年，马克·雅克布模特的脏辫；2018年，丝黛拉·麦卡妮用非洲蜡染布和喀麦隆卡巴制作大衣；2019年，古驰的锡克教头巾以790欧元出售，并抹去了其宗教色彩。

与此同时，在奢侈品行业，针对某些品牌的种族主义和"扮黑脸"的指控成倍增加。2018年，普拉达发售了印有奥托形象的各种产品，包括T恤和项链等。根据该品牌的说法，奥托是一种"想象中的"生物，但它的黑脸上有着大睁的眼睛和厚厚的红唇，令人想起"扮黑脸"的种族主义漫画。2019年，古驰仍然处于类似争议的中心，当时该品牌在市场上销售一种高领毛衣，毛衣上的图案是在嘴巴的位置有一个开口、画着红唇，这再次模仿了殖民时代的种族主义漫画和刻板印象。

为了回应这些对“扮黑脸”和文化占用的指控，品牌方们最近行动起来，聘请专家来充当它们的知识担保人。对它们来说，这需要在性别、多样性、包容性和生态学问题上进行明确沟通，并需要提前与研究人员和知识分子合作推出有“意义”的系列，这样可以帮助它们避免做出错误举动并避免疏远部分客户和冒犯公众舆论的风险。这涉及颜色和织物的使用，也涉及图案和符号的使用以及对身体的表现，每种文化都有自己的敏感度和准则。符号学家卢卡 · 马尔凯蒂（2016年）认为，奢侈品牌希望其在所有国家都有代表性，并在从商业和文化上辐射国际的同时，因作为某种生活方式和技艺的承载者而具有某种社会责任。在 2019 年的丑闻之后，古驰推出了一个由美国作家、活动家和教授等专家委员会领导的“古驰创变者”计划（《奢侈品通过‘专家’环绕来避免错误举动》，载于《世界报》，2019 年 9 月 7 日）。同样的，普拉达也组建了一个致力于捍卫文化多样性的知识分子团体。在法国，迪奥的系列总监玛丽亚 · 嘉西亚 · 基乌里于 2019 年 4 月聘请了法国纺织领域人类学家安妮 · 格罗菲耶来指导她于 2020 年在马拉喀什举行的度假时装秀。后者建议基乌里聘用阿比让的 Uniwax 工坊，以便与当地的着色师、画师和工人合作，生产结合了非洲纺织文化（棉布在贝宁纺织并在科特迪瓦印制）和迪奥品牌创意理念的“非洲制造”产品。正如格罗菲耶所解释的，“迪奥的系列总监玛丽亚 · 嘉西亚不满足于从我的蜡染品中挑选，她还去见了工匠们。这么做的出发点是人文的相遇，在我们之间，在她和他们之间”（《奢侈品通过“专家”环绕来避免错误举动》，载于《世界报》，2019 年 9 月 7 日)。她认为，由此产生的系列，“它所传达的强烈信息和与当地工匠合作的承诺，可以帮助非洲设计师或非洲裔设计师获得信心并建立其正统性。这不是一个‘非洲的’系列,它是一个法国的系列,是一个经济和人文的承诺”。安妮·格罗菲耶尽管为这个系列做出了贡献，但还是感到遗憾：非洲过于时髦，而非洲人却不够时尚。

业界似乎已经听到了她的声音。2019 年，南非设计师塞贝·马古古是 LVMH 青年设计师大奖的获得者；而 2020 年，伊玛尼·阿伊西成为第一位被正式邀请参加巴黎高级时装公会日程的撒哈拉以南非洲设计师，他是从 1992 年就从事设计工作的喀麦隆人。这位设计师认为这项提名是“对整个非洲的极大认可”，并有可能证明“非洲正凭借其纺织品遗产和古老的技艺而崛起”。这也促成了刚果设计师阿尼法·姆武巴于 2020 年 5 月 22 日在她的 Instagram 页面上通过 3D 时装秀展示她的粉红标签之刚果系列，没有模特，也没有 T 台。这些介入政治的系列与当地的纺织品和技艺密切相关，使用当地的工匠来制作并对数字化保持开放态度，其源头的非洲设计师们想表达的是：非洲不仅是欧洲或美国设计师的灵感之乡，也可以是一个创造之地，对投资者和奢侈品集团都有吸引力。对于非洲设计师以及散居海外的非洲人和某些政府（如尼日利亚、塞内加尔、加纳）而言，时尚比以往任何时候都更能代表重要的经济和软实力载体（《2019 年：非洲时尚的腾飞之年》，法国国际广播电台，2019 年 12 月 30 日），它被运用起来，使人们忘记对非洲的经常性刻板印象。

通过使用科学担保，品牌可以保护自己不受可能的争议的影响，同时保持其承诺和明智的品牌形象。永久保持“良好形象”，对品牌来说仍然至关重要。更为普遍的看法是，这种做法与宣传那些应该代表肤色和身体多样性的模特是相辅相成的。在备受关注的时装秀期间就是如此，这保证了各品牌强调它们对“更多元化”的承诺。然而，在这些品牌形象的背后，到底发生了什么？它们是品牌内部发生的根本变化的外显部分吗？或者说，它们只是掩盖公司内部潜在惰性的营销举动，而公司的决策者仍然是身材苗条没有残疾的白人？过去三年[1]里有一个有趣的例子：时尚界似乎比往常更多地展现出混合的面孔——也许 2020 年乔治·弗洛伊德死后在美国爆发的跨种族斗争和珍视黑人生命运动的加剧加强了这一点——2017 年，肯尼亚裔模特哈利玛·阿登戴着头巾为艾伯塔·费雷蒂和麦丝玛拉走秀，而爱德华·恩宁福成为英国 *Vogue* 杂志的首位黑人主编；2018 年，南苏丹模特阿杜特·阿克奇压轴香奈儿时装秀，而维吉尔·阿布洛被任命为路易威登男装的负责人。这些举措是一个真正的包容项目的一部分吗？似乎并不是，因为除了出现在杂志头版的维吉尔·阿布洛等明星设计师和娜奥米·坎贝尔等黑人模特，或正在 LVMH 集团内创建自己品牌的蕾哈娜之外，时尚行业本身和那些只想从事时尚工作的不出名人士并没有真正发生改

[1] 指 2018—2021 年。——译者注

变。2020 年 7 月的雅克缪斯秀在某种意义上是对这一点的证明。雅克缪斯秀展示了多样化的身体和肤色，还通过在 Instagram 账户上发布的一个故事于无意中揭示了其工作团队的“白人”面孔。这位设计师并不比其他人更应该受到责备，但他揭示了时尚界的一个固有问题：与媒体所描述的相反，时尚界在幕后仍然缺乏多样性。设计师、美发师、化妆师、制版师、摄影师、记者、编辑等都以白人为主。即便不提种族主义，西方时尚界也在一定程度上已经积累了排斥有色人种的习惯并使之自然化和正常化，且难以摆脱。2020 年 10 月 24 日，《纽约时报》发表了一项调查，揭示自 1988 年起担任 *Vogue* 杂志主编的安娜·温图尔如何“培养了一个排斥有色人种女性的工作场所”（《白人刊物：安娜·温图尔的多样性推进来得太迟？》）。这种长期存在的状况是否解释了为什么最近奢侈品公司在招聘研究人员加入系列开发的同时，又开始招聘“多样性和包容性负责人”（或首席多样性官员），以“促进雇用所有族裔的员工，并确保系列作品和广告不包含任何歧视性信息”（《奢侈品牌招聘多样性和包容性负责人》，载于《世界报》，2020 年 9 月 7 日）？这种新趋势是否只是另一个“公关噱头”？如果品牌内部不能实现常态化包容，如果公司文化不能发生巨大的变化特别是在管理和决策岗上，那么纸面上或 Instagram 上的多样性就毫无意义。

会不会有一天，没有人会因为某个品牌提出用苏丹或印度裔的模特为其走秀而欢呼雀跃？当街头风、“酷”或运动装不再与“非洲裔设计师的‘自然’和标志性风格”联系在一起时，又会发生什么呢？（《时尚界的多样性：仅仅是门面还是真正的开放？》，载于 *Grazia*，2020年3月4日）。时尚界是否已经准备好让多样性成为常态，并超越刻板的身份禁令？（《时尚界的多样性：仅仅是门面还是真正的开放？》，载于 *Grazia*，2020年3月4日）什么时候杂志封面上出现黑人模特的这种例外才能成为常态？时尚通过实现这一目标，最终难道不能在消除民族和国家之间的等级制度方面发挥推动作用吗？时尚是如此的高度媒体化，并形成了如此多的表征和国际性的集体想象——那些穿着紧身牛仔裤的法国女人、穿着蜡染布衣服的塞内加尔女人、穿着纱丽的印度女人等——难道不能改变那些“贴在”各国特别是发展中国家身上的形象（标签），并促进地缘政治体系重新平衡吗？时尚能作为地缘政治变化的杠杆吗？能，前提是时尚界对所有形式的创意和想法保持开放，并拒绝西方与非西方时尚划分。因此，我们可以考虑通过其时尚产业的“包容性”来衡量一个国家的开放性和进步程度，就像它可以通过该国给予妇女的地位来衡量一样。

除了新的创意时尚中心外，那些奢侈品之都还必须应对新的客户群并适应他们。

新的东方：开拓其他市场和客户的需要

奢侈品的客户主要是女性，今天的奢侈品客户与100年前的已不一样，他们包括俄罗斯人、阿塞拜疆人、乌兹别克斯坦人、中国人、马来西亚人、印度尼西亚人等。在过去的十年里，奢侈品已经向生活在亚洲（包括中东地区）的新客户开放，而不像之前一个多世纪仅仅面向西欧国家和美国。科尔贝协会是这种开放性的标志，这是一个成立于1954年的协会，旨在促进法国奢侈品行业在法国和他国的发展，20世纪80—90年代在美国和日本非常活跃，自21世纪初以来其活动则集中在中国、印度和俄罗斯。进驻俄罗斯的法国公司喜欢强调法国奢侈品和俄罗斯之间的联系——追溯到18世纪，当时俄罗斯的贵族和王室在法国奢侈品的最佳客户之列。而更近些时候，中东地区吸引了所有法国奢侈品牌的注意。

由于地理上的距离，这些客户的特点和期望与欧洲客户不同。因此，品牌必须确保适应每种客户群：中国客户可能忌讳绣在衣服上的数字“4”；而对于俄罗斯客户，男性销售人员与女性客户沟通并与之讨论时尚，会招她们喜欢。此外，今天的顾客比他们的前辈更活跃，并且不需要像以前那样的奢侈品：他们喜欢白天穿豪华的成衣，而在特殊活动和晚会中穿高级定制服装。他们需要这些衣服是张扬的且不辜负历史悠久的品牌声誉。

在中东地区，奢侈品客户主要集中在海湾国家，在那里购物被视为一种交际行为和一种彰显成功的“生活方式”。奢侈品的吸引力得到了媒体的支持，如 2007 年推出的 *Harper's Bazaar* 阿拉伯版和 2017 年推出的 *Vogue* 阿拉伯版。特别是占人口总数 60% 以上的 30 岁以下年轻人，他们在快速增长的经济中成长起来，是奢侈品的主要顾客，在购物中心购物——购物中心是罕见的、不同社会地位人士交融的公共场所。在法国，这批新客户的重要性促使科尔贝协会采取了许多行动来建立他们对法国品牌的忠诚度。在阿拉伯联合酋长国，2019 年阿布扎比卢浮宫在举办“奢侈品一万年”展览的同时，强调了法国工匠和阿联酋工匠之间的合作（《法国奢侈品希望适应海湾国家客户的新面貌》，载于《回声报》，2019 年 11 月 16 日）。爱马仕组织了制作阿拉伯斗篷、阿拉伯传统大衣和皮革骆驼鞍的技术展示活动。该活动也是法国品牌在阿布扎比建立影响力的一个机会。又比如，香奈儿在阿布扎比开设了一家精品店，迪奥将其在加列利亚购物中心内的门店面积扩大了一倍。卡塔尔也是品牌眼中新的黄金国。该国不仅在伦敦的哈罗德百货公司和巴黎的春天百货公司投资了奢侈品，还通过隶属于卡塔尔王室的 Mayhoola 公司在 2012 年收购了华伦天奴和米索尼、在 2016 年收购了巴尔曼。在沙特阿拉伯，专家估计，到 2030 年 30% 的妇女将有工作，因此奢侈品牌希望为她们支付薪水。这些发展对这些品牌有重要影响，它们不仅需要计划开设新的精品店，还需要雇用女性销售人员，而不是像以前那样只雇用男性销售人员。

亚洲也集中了当今高级时装的主要客户。正如经济学家弗兰克·德尔帕尔解释的那样，从历史上看，奢侈品市场被美国人和欧洲人瓜分。从 20 世纪 80 年代起，日本人开始崭露头角。然后在 21 世纪初，新兴的巴西人和中国人掺杂了进来。亚洲人现在占奢侈品客户的 51%，其中 32% 是中国人；而美国人和欧洲人分别为 23% 和 19%（《新的奢侈品客户是什么样子的？》，载于《费加罗夫人》，2018 年 11 月 11 日）。2019 年高级时装在亚太地区的销售额占比，爱马仕为 50%，开云集团为 42%，LVMH 集团为 37%。据估计，到 2025 年，中国消费者将占奢侈品消费者的 40%。因此，过去几年里正是在中国和韩国，奢侈品向中上层阶级大规模发展，其中包括 20 世纪 80 年代出生的许多年轻人，彼时正值中国经济繁荣发展时期。中国和韩国的千禧一代购买奢侈品数量的增长，在很大程度上推动了奢侈品牌和奢侈品集团适应亚洲市场。对法国品牌来说，这种适应是分阶段进行的，而且比较缓慢。首先，时装设计师在亚洲开设了商店：例如，路易威登于 1992 年进入中国，而迪奥则在 1998 年在中国开业。最近，它们走得更远，并与亚洲媒体建立了伙伴关系，以便为经常上网的中国和韩国客户提供量身定做体验。通过这样的活动，它们接受了在法国很少做的事情：暴露自己、宣传自己，并与社交网络合作。换句话说，它们必须，而且始终必须，将它们的宣传数字化并将销售导向在线购买。更具体地说，品牌必须优先选用亚洲本地的社交网络，如微博和微信（并适应它们的用法和功能，而不是 Instagram 的），同时与当地有影响力的人（KOL，即关键意见领袖）建立伙伴关系，这些人在千禧一代中具有重要的影响力。中国的演员、歌手和博主通过他们在微信和微博发布的内容，对产品销售产生了强烈的影响。这些“品味领袖”甚至是所谓的“粉丝经济”的起源，因为他们的推荐具有巨大影响力。欧洲各国和美国的“网红”也是如此，但奢侈品牌似乎更倾向于与他们的亚洲同行合作——这或许是因为客户主要在亚洲，而且要不惜一切手段接触到这些客户。此外，除了数字化之外，品牌还必须通过音乐会、直播视频和展览来打造体验式的奢侈品，引起人们的情感共鸣和攀比心理，以便本品牌在中国、日本或韩国的顾客中营造一种归属感。

2018 年，已经在中国上海、北京、广州和深圳拥有 25 家商店的爱马仕，尝试进入中国其他 260 个人口超过百万的城市 [1]。为了在这

[1] 依据中国住房和城乡建设部《2018 年中国城市建设统计年鉴》，2018 年中国城区常住人口过百万的城市有 91 个，除去上文的 4 个城市，此处实际应为 87 个城市。——译者注

个新市场中找准定位，该品牌在中国开设了一个数字平台，该平台已成为世界上销售额第四大的爱马仕商店（《爱马仕在中国开展其电子商务业务》，载于《时尚商业》，2018 年 10 月 19 日）。2019 年，得益于在中国的皮具销售，爱马仕的全球销售额有所增长（《爱马仕：得益于中国，第一季度盈利能力达到最高》，载于《时尚商业》，2019 年 9 月 11 日）。已在中国拥有 20 多家商店的迪奥于 2015 年 12 月在北京举办了新店落成典礼，并举行了 2016 年春夏成衣系列的时装秀，迪奥时装首席执行官西德尼·托莱达诺出席了时装秀。2019 年 10 月，它在包括微信和微博在内的各种中国社交网络上举行了 2020 年春夏新系列发布会。其艺术总监玛丽亚·嘉西亚·基乌里出席了发布会，并展示了专为中国顾客设计的 14 个造型。首席执行官和艺术总监的中国之行，针对中国客户的商品和服务，以及迪奥与微信、微博的合作，显示出品牌方以前所未有的投资力度来回应亚洲客户在奢侈品领域日益提高的重要性。2019 年，香奈儿在犹豫后做出决定，与中国某电子商务平台签署了一项协议，以让品牌在中国客户中更显眼。香奈儿在该平台销售品牌美容产品和香水。同时，香奈儿在上海举办了占地 600 平方米的“走进香奈儿”展览，参观者可以了解到香奈儿创作背后的技艺。融合听觉和视觉的场景布置再现了香奈儿这一品牌，它的工作室、沙龙、公寓甚至是它那神话般的旋转楼梯。同时，展会用 3D 技术重现了 2015 年的西装、1996 年的裙子和 2019 年的裙子。这个展览让参观者沉浸在香奈儿品牌的符号与生活艺术中。而这（符号与生活艺术）在中国人对奢侈品的概念中至关重要：其必须体现制作工艺、珍贵原料、传统，一段历史、一种生活哲学，以及巴黎精神。观众可以在微信上找到更多关于展出作品的信息，这可以帮助他们在展览中发现更多。

虽然微信、微博等亚洲社交网络以及购物平台已经成为许多法国、意大利、英国和美国品牌的首选合作伙伴，但如前所述，它们的西方同行在时尚界并不具备同样的重要性，尽管亚马逊经过十多年的努力，正在成为西方时尚界的首要销售平台。2006 年和 2009 年，亚马逊首席执行官杰夫·贝索斯收购了两家电子商务网站 ShopBop 和 Zappos，随后又将 East Dane 加入其中。合并这三个网站后，2012 年他在亚马逊上推出“时尚”分区，顾客可以在这里找到按品牌分类的时尚产品，产品价格低廉并可以通过高级订阅在 24 小时内发货。2015 年，杰夫·贝索斯在伦敦开设了一家摄影工作室，然后在 2017 年开设了一家自动按需定制的服装工厂。亚马逊目前还没有明确的战略，其 Amazon Spark 销售平台未能取代 Instagram，而其大众市场产品还不能说服时尚或奢侈品专业人士，但这些人一直密切关注着在亚马逊上发生的事情。亚马逊不断提供新的工具，如智能相机 Echo Look，顾客在使用中可以获取造型师的建议；又如 Prime Wardrobe 服务，顾客可以免费订购 3 至 15 件商品并退回不希望保留的商品。与此同时，亚马逊正在加紧采取举措，与卡尔文·克莱恩、迈克高仕和凯特·丝蓓等主要成衣品牌签署合作协议，并加强其在 2017 年创建的自有服装系列。2020 年，亚马逊向前迈出了一大步，与 *Vogue* 杂志和 CFDA 签署了合作协议。作为其对 *Vogue* 和 CFDA 50 万美元捐款的交换，亚马逊成为 CFDA 和 *Vogue* 支持的美国设计师的在线店面平台。旁观者们认为，亚马逊终于成功地渗透到时尚界，并将自己确立为寻求扩大知名度的设计师们的首选合作伙伴（《亚马逊多年来一直在尝试（以及失败）渗透时尚领域，它刚刚有了一个大突破》，载于《时尚法》，2020 年 5 月 14 日）。虽然这种伙伴关系被说成是为了应对新冠肺炎疫情而建立的，以帮助受到严重影响的行业并允许品牌商出售其库存，但这只是一个借口。事实上，在这次合作之前，就有征兆表明亚马逊与时尚行业的关系即将发生变化。自 2012 年以来，杰夫·贝索斯一直在努力提高他在奢侈品行业的信誉度和影响力：先是在时装周上被人注意到他坐在黛安·冯·菲斯滕伯格（CFDA 主席）和安娜·温图尔（*Vogue* 主编）的旁边，据说他近来的形象改造就是源于后者的建议。然后，他赞助了美国的一些重要时尚活动，如大都会艺术博物馆服装学院的 Met Gala。2015 年，亚马逊还与 CFDA 合作，在纽约举办了首届男装周。所有这些举措的目的是什么？是为了说明奢侈品和成衣品牌在亚马逊上分销，而亚马逊在传统意义上是以低价销售产品，注重数量而非质量（《亚马逊想为男士提供服装》，载于《世界报》，2015 年 7 月 7 日）。虽然一些品牌可能会拒绝这一提议，但其他一些规模较小、缺乏销售能力的品牌将很难对贝索斯说不。正如瓦妮莎·弗里德曼在《纽约时报》上所总结的那样，“无论他们是否喜欢，设计师尤其是没有名气的设计师，并没有太多的选择：他们需要转移库存，需要一个拥有物流的合作伙伴并能接触到庞大的成衣消费群体”（《亚马逊正在拯救时尚界》，载于《纽约时报》，2020 年 5 月 14 日）。

这种伙伴关系将对时尚之都的地缘政治产生什么影响？2016 年，当亚马逊在网上销售一些美国品牌时，LVMH 集团对亚马逊采取了反对立场，并解释说这样的平台与奢侈品牌不相容——2010 年，香奈儿和历峰集团曾获得欧盟委员会的许可，拒绝与某些网站合作，理由是它们存在造假的风险。我们现今是否仍然面临着一种分歧，该分歧存在于赞成亚马逊式电子商务的时尚城市与拒绝在这种平台上销售产品的时尚城市之间，因为在这样一个平台上，时尚产品将和众多其他产品放在一起并且所有人都可以获得它们？独特且私密的高级定制时装能否长期拒绝电商巨头亚马逊强加的这种商业演变？这种合作关系有可能导致——就像我们在图书行业看到的那样——一个亲亚马逊和反亚马逊的对立体系的形成，后者在这个美国平台上看到了其对中小品牌实体店和员工工作条件的威胁，更广泛地说，看到了其对时尚系统运作的威胁，因为在这个行业中，顾客与服装的实际接触以及顾客和销售人员之间的关系对服装销售起着重要作用。风险在于，这可能导致亚马逊以及 GAFA 对整个时尚行业的垄断，会将一个新的时尚系统强加给属于 KHOL（开云集团、爱马仕集团、欧莱雅集团、LVMH 集团）的品牌。时间会证明一切。

所有这些针对新市场和新商业合作的适应举措，促使传统的奢侈品和高级成衣品牌开始质疑时尚的未来和面临的挑战。这些动荡发生的时候，它们还必须应对大众商业时尚（或称快时尚）的兴起，大众商业时尚正在改变时尚产业的面貌和地理环境。

时尚全球化和日益增长的快时尚影响力

快时尚的原理是快速更新低价售卖的服装。与时尚品牌一年推出四个系列不同，快时尚品牌一年可以生产多达 52 个系列，也就是一周一个系列。从设计一个款式或人们在 T 台上发现它，到它在商店里出售，中间不到一个月的时间。这些系列由低质量的原料制成，因而这种时尚注定是短暂的，很快就会被另一种时尚取代，这也解释了其产品的低价格。快时尚品牌将生产成本降到了最低。由于它们没有真正的设计师，因此它们不是创造而是复制成衣设计师的作品。然后，它们以非常大的数量进行生产，以降低产品的单位成本并保证某种产品在商店大受欢迎时有足够的库存，甚至宁愿过度生产，如果卖不出去就烧掉未售出的库存。H&M（海恩斯莫里斯）和 Zara（飒拉）是这个行业的领导者，普利马克、优衣库和芒果也是行业主导。H&M 于 1947 年在瑞典成立，目的是以极度低廉的价格销售时装。另一面，Zara 于 1975 年在西班牙拉科鲁尼亚由阿曼西奥·奥特加·高纳创立，1988 年在葡萄牙开了第一家店，1989 年在纽约、1990 年在法国开店，截至 2019 年 1 月底，证券交易所上市公司盈迪德集团（Zara 母公司）的营业额超过了 261.5 亿欧元。

在 20 世纪 90 年代，除了快时尚所强加的生产和销售速度之外，时尚的生产和销售系统本身也被重组。为了实现多产多销的目标，快时尚品牌开始将其生产转移到棉花等原材料生产地且劳动力成本低的国家，聘用分包公司。这些国家大部分位于亚洲，最初是中国。这样一来，快时尚成为全球生产网络的一部分，随着时间的推移，越来越多的成衣品牌将所有的生产分包给亚洲工厂，放弃了本国的基地，从而将纺织品（包括服装）生产从地球的西北部转移到东南部。在法国，这一发展成为一些地区的最后一根稻草，如上法兰西大区，这些地区在纺织品制造（包括服装生产）中雇用了数十万人。起初，各品牌的衣服都是在中国制造的。然后，面对不断上涨的工资，这些品牌或其委托的中国分包商将生产转向了其他国家，主要是孟加拉国、巴基斯坦、柬埔寨、越南和（最近的）埃塞俄比亚。因此，自 2000 年以来，从地球西北部向东南部的这种生产转移伴随着多种空间和社会关系的转变，强化了南方生产国和北方消费国之间的不平等状态和等级关系。

在过去的十年里[1]，出现了一个更精细的快时尚地理分布：为了生产更快速，服装工厂也在欧洲联盟或其边界国建立起来，如西班牙、葡萄牙、摩洛哥和保加利亚。这些工厂离西方消费中心更近，可以按季节供应产品，而T恤、牛仔裤等标准产品的生产仍在中国和孟加拉国。如此一来，一个由专业工厂组成的供应链建立了起来，这些工厂在生产阶段（裁剪、组装、缝纫等）和生产的产品类型（基本产品或季节性产品）方面互为补充。

由于飞速全球化和新兴国家的崛起，现在有许多中间商参与到一件服装的生产中，调动起一个全球价值链（《这些引起全球贸易巨变的产品》，载于《回声报》，2013年1月15日）。虽然国家之间的原材料和产品交流自古以来一直存在，但在今天，由于运输和通信成本的降低，“世界制造”比以往任何时候都更能反映出时尚产业背后的现实——汽车、食品和航空业也是如此。生产的分散性使得一件衣服可以在一个国家设计，在另一个国家制造，在第三个国家完成包装。一件衣服的可追溯性很难实现，正如它的标签在“法国制造”“法国组装”“法国包装”之间变化……在法国，一件产品只有当其45%的附加值是在法国生产时才被视为“法国制造”。法国海关的一份2013年的报告写道，“一条在摩洛哥用法国面料制作的裤子，其配饰是在法国完成制作的，其原产地被视为摩洛哥。诸如‘法国制造’的陈述带

[1] 指2011—2021年。——译者注

有欺骗性质，但诸如‘布料在法国织造，裤子在摩洛哥制造’或‘在摩洛哥制造的裤子’甚至‘用法国织造的布料在摩洛哥制造的裤子’的陈述则是可以的。事实上，它们对在法国进行的操作细节描述得更加明确，因而不可能误导消费者。”（《法国制造，标签的混乱》，载于 *Slate* 杂志，2012 年 1 月 5 日）至于“法国组装”，这一标签用于大部分部件来自外国且未在法国制造的服装。最后，“法国包装”指向的是服装的包装阶段。除了这些数量众多且可能令人困惑的法规——尤其是对不知情的顾客来说，解决透明度问题是品牌本身及其所传达的信息的责任。（《“某国制造”的窘境》，载于《世界报》，2015 年 6 月 23 日）

除了地理和它所质疑的西北或东南贸易关系之外，快时尚是如何重新分配时尚吸引力的中心的呢？快时尚巨头如西班牙的 Zara 的影响力有多大？它们甚至会超过法国、意大利、美国和英国的时尚吗？根据法国高级定制和时尚联合会执行主席帕斯卡尔·莫朗的说法，答案是肯定的：“法国在高级时装和成衣方面的影响力仍然很强。同时，这种影响力正在发生变化。一方面，它面临着时尚的全球化；另一方面，其又面临着时尚的全球化和美国或西班牙大型连锁品牌对大众商业时尚的支配——而法国人在这方面远远落后了”（《时尚的软实力》，法国文化电台，2018 年 9 月 30 日）。除了商店和客户数量的增长使它们能够算作时尚界的“巨头”之外，快时尚品牌是如何发展到被认为是“四巨头”的竞争对手的呢？

走向快时尚高端化?

首先，如果说在很长一段时间里快时尚被看作时尚界的穷亲戚，没有太多的创造力，那么十多年来，当 Zara、普利马克等品牌开始改善它们在顾客心中的形象时，情况就发生了变化。由于它们的努力，今天购买快时尚品牌的既有经济能力有限的年轻人，也有寻求与时尚接轨的低价作品的“时尚人士”。事实上，尽管快时尚品牌的目标客户与奢侈时尚不一样，但快时尚品牌已经明白，它们可以接触到爱好时尚和服装的中间客户，即那些梦想高级时尚而又没有能力拥有的人。为了吸引这些客户，快时尚复制了高级时装提供的款式，真正使所有人都能接触到奢侈品。许多女演员、艺术家和网红毫不犹豫地解释说，她们将迪奥的作品与快时尚品牌的衣服“混合”在一起，这就是所有媒体所描述的著名的“混搭”。快时尚品牌的生产速度很快，并且经常更新它们的系列产品，让顾客“时髦”起来并能找到适合工作的服装、其他适合外出的服装、适合去度假的服装。此外，我们还可以看到，近年来快时尚已经挪用了奢侈品的销售准则：不仅它们的款式受到大型奢侈品牌的密切启发，而且它们在类似高端精品店的地方销售。在巴黎、纽约、米兰和伦敦等主要时尚城市战略性地开设的大型商店；柜台的精心布置；在现代且宽敞的更衣室里轻松试衣；在线销售……所有的因素似乎都已到位，以保证时尚爱好者们获得满意的“客户体验”。快时尚品牌一直小心翼翼地模糊快时尚和奢侈时装之间的界限。自 2004 年以来，一些快时尚品牌一直在与奢侈品设计师合作：2004 年与在香奈儿的卡尔 · 拉格斐合作，2005 年与丝黛拉 · 麦卡妮合作，2006 年与维克托与罗尔夫合作，2007 年与罗伯特 · 卡沃利合作，2008 年与川保久玲合作，2009 年与索尼娅 · 里基尔合作，2010 年与在浪凡的阿尔伯 · 艾尔巴茨合作，2011 年与多娜泰拉 · 范思哲合作，2012 年与马丁 · 马吉拉合作，2013 年与伊莎贝尔 · 玛兰合作，2014 年与亚历山大 · 王合作，2015 年与在巴尔曼的奥利维尔 · 鲁斯汀合作，2016 年与高田贤三合作。其目的是使大牌服装设计师创造的作品变得容易获得，并将奢侈品从 T 台带下神坛——例如拉格斐的作品，价格从 19.9 欧元到 149.9 欧元不等。快时尚品牌获得了最知名设计师的信任，如香奈儿的艺术总监，他在这次合作之前从未接受过任何其他合作。快时尚品牌正在客户、合作伙伴和时尚品牌处获得正统性。

正如法新社在 2016 年总结的那样，“不得不说，这家纺织巨头在十多年前就完成了一个真正的大手笔，通过与知名设计师和前沿时装品牌合作，使那些高不可攀的、量身定做的、稀有且昂贵的作品变得容易获得。从此每年消费者都知道他们将能够以‘低价’购买高级时装作品。这是一个疯狂而成功的赌注，在今天让这个品牌享有绝对的声誉”（《时尚商业》，2016 年 5 月 26 日）。每一次合作，都在一个有节日气氛的开幕派对上推出，并通过各种媒体转发，被认为是快时尚品牌的商业知识和所选品牌的创造力之间的结合。而每一次，媒体都会报道商店门口无休止的排队和抢购现象。之后，小帆船与让 - 夏尔·德·卡斯泰尔巴雅克的合作等都追求同样的目标，即为它们的作品赋予更多价值。

除了与奢侈品设计师合作，快时尚品牌最近还采取了其他措施来改善自身形象。当它们成为众多丑闻的对象时——被指控抄袭高级时装款式，也被指控其在亚洲的员工工资低下或使用童工和污染地球，解决这个问题变得至关重要。2013 年，孟加拉国达卡的拉纳广场大厦倒塌，为普利马克和芒果等多个快时尚品牌服务的 1 150 名工人死亡。随后的 2017 年，人们在购买自英国的一些 Zara 产品中发现了土耳其工人的隐藏信息，信息揭露他们没有得到工作报酬。最后，2018 年的“我为你做了衣服”的时尚革命运动确实让人们看到了消费者之前拒绝看到的快时尚的一个侧面。一些快时尚品牌将服装生产外包给发展中国家（如孟加拉国）的工厂，那时这些工厂污染严重，工人工资很低。为了“忘记”它们经营中的这些内在因素，快时尚品牌加速了（表面上的？）质量提升，从而更加侵占了奢侈品的准则。

某快时尚品牌的案例很有意思。在 21 世纪 10 年代[1]，该品牌也经历了自身的首批丑闻：假货诉讼、生产过剩、用切割机切割并扔掉未售出商品、亚洲员工的工资低和工作条件恶劣……为了继续存在，该品牌必须改善它在希望有更多透明度的消费者心目中的形象。为了使人们忘却其低端商业的一面，它开始推出“绿色”及“环保”系列，

[1] 原文为“21 世纪第一个十年末”，经核实应为“21 世纪 10 年代”。——译者注

还决定投资博物馆和文化遗产。2016 年，该品牌是巴黎装饰艺术博物馆“时尚先锋”展览的独家赞助商。这种合作关系是独一无二的：一个快时尚品牌首次成为一个博物馆的赞助人，举办高预算的时尚展览。通过这次合作，装饰艺术博物馆可以修复其部分展廊，但从这次交易中获益的首先是快时尚品牌。这个瑞典巨头不仅利用展览开幕的机会发布了独家“环保自觉行动”系列，声称该系列是基于装饰艺术博物馆的档案和巴黎时装创造的，还设法在博物馆内展出了它的服装款式。在展览的最后一个展厅里，两件 2016 年“环保自觉行动”系列的快时尚品牌礼服夹在香奈儿、迪奥和让·保罗·高缇耶的历史礼服中展出。快时尚品牌进入了博物馆，而还有什么策略比在著名的文化艺术机构中为自己争得一席之地来完善自己品牌形象更好的呢？快时尚品牌方面的这种软实力战略旨在赋予“客户消费的东西更多的象征价值”（载于《解放报》，2016 年 5 月 29 日），并建立品牌的正统性。通过所有的合作，该品牌成功地创造了自己的过去和文化遗产：一个同时具有艺术性、文化性和音乐性的宇宙，根据 IFM 的教授帕特里夏·罗马特的说法，它“与大众对话，但也与意见领袖对话”（载于《解放报》，2016 年 5 月 29 日）。

奢侈品牌的反击

奢侈品牌是如何应对这种快时尚品牌创意方面的升级的呢？高级

时装品牌有其历史和专有技艺作为质量的保证。然而，它们的价格令人望而却步，而且有时它们的古老性如果没有“现代化”，对那些不了解百年老店准则的顾客来说是一个障碍。快时尚的定位正是在这里，为这种“经典”的奢侈品提供了一种替代。它企图使其民主化，并在年轻人中普及时尚的品味。在某种意义上，它通过允许大规模采用奢侈品牌设计的趋势来为高级时装服务。因此，从某种意义上说，Zara 等对香奈儿小外套进行的上百次模仿——它自 20 世纪 20 年代以来就成为香奈儿品牌的标志，将有助于强化围绕这件作品的神话。并非所有的奢侈品牌都从这个角度看待快时尚，相反，它们对快时尚的造假方法和程序表示遗憾。事实上，嘉柏丽尔·香奈儿在她的时代或许认为抄袭是成功的标志，因为“没有抄袭和模仿就没有成功”，而今天许多奢侈品牌正在采取法律行动来保护它们的产品。例如，2006 年，LVMH 集团起诉 eBay，指控 eBay 为其网站上的假货销售提供便利，获得了约 4 000 万欧元的赔偿。

今天，奢侈品牌和奢侈品集团都建立了非常有力的法律部门来打击假货。然而，这并不能使它们自己免于偶尔陷入造假风波：例如在 2012 年，经过七年的法律斗争，香奈儿被判决伪造其分包商之一 World Tricot 公司发明的图案，并不得不向其支付 20 万欧元的经济赔偿。对于一些时尚品牌来说，造假已经成为一种难以控制的现象——它代表着每年 35 亿欧元的销售损失和 2017 年 25 000 个工作岗位的损失——以至于它们的艺术总监试图在它们的系列中表现这一点。例如，2017 年古驰推出了一件粉红色的毛衣，上面有一只名为“Guccy”的泰迪熊，暗指造假者犯下的错误；路易威登与 Supreme 品牌签署了合作协议，尽管它曾在 2000 年起诉后者在滑板上复制其 LV 标志。其他品牌则走得更远：例如巴黎世家在 2017 年推出了一款蓝色购物袋，其类似宜家的塑料购物袋，标价 1 700 欧元（而宜家的售价为 80 欧分）。

这种时尚准则的游戏是对快时尚复制行为的回应，但它也是奢侈品牌使自身形象“年轻化”的一种方式。为实现这一目标，各品牌也提出了其他想法。路易威登发起了与“城市风格”艺术家和涂鸦画家的合作，如法瑞尔·威廉姆斯和坎耶·韦斯特，以吸引更年轻、更常上网的客户群，他们对街头发生的事情更加了解。2018 年，路易威登又迈出了一步，聘请了兼收并蓄的设计师和艺术家维吉尔·阿布洛来领导其在 Instagram 上拥有 500 万名粉丝的 Off-White 品牌，负责其男装系列。巴尔曼品牌在 2011 年选择了奥利维尔·鲁斯汀担任品牌艺术总监。25 岁的奥利维尔·鲁斯汀在 Instagram 上拥有超过 600 万名粉丝，他使这个创建于 1945 年的品牌重新焕发活力，向数字技术开放，并在设计上混合各种时装流派（运动装、魅力装、闪亮装、街头装）。品牌推出这么多举措是为了给人一种年轻的感觉并吸引新的客户群。2017 年，LVMH 集团更进一步，迎来了蕾哈娜创建的时尚品牌芬蒂。这位歌手已经是一位经验丰富的企业家：她创建了香水、服装、配饰和化妆品系列，尤其是在 2008 年与古驰合作，2011 年与阿玛尼合作，2014 年与彪马合作。作为第一个在 LVMH 集团创建原创品牌的女性，而且是一位黑人女性，蕾哈娜在公众心中的光环被认为是真实且接地气的，她的名气（在 Instagram 上有 8 500 万名粉丝）、影响力和商业头脑已毋庸置疑，使该集团能够面向新一代，同时向其他领域、其他文化社区和其他消费者开放（《推动 LVMH 集团与蕾哈娜形成联盟的原因》，载于《时尚商业》，2019 年 5 月 16 日）。

在奢侈品和时尚之间：比我们想象中更模糊的界限

今天，虽然奢侈品牌仍然是法国、意大利、美国和英国的创意标准并在这些国家的影响中发挥着重要作用，但快时尚已经成为高级时装必须考虑和应对的角色。时尚界是多面的，高级时装和快时尚之间的界限越来越模糊，每一方都试图借用另一方的准则，并针对另一方的受众——更不用说像宜家和利多这样的非专业品牌也开始在 2020 年生产服装。

长期以来，专家们在以无可指责的条件生产的奢侈时尚和因过分行为而被指责的快时尚之间画出了一条严格的界线，但这种划分越来越不适用。事实上，在服装生产持续加速的过程中，甚至高级时装品牌也在寻求将生产分包给低成本国家。虽然它们的大部分作品是在法国和意大利手工制作的，但某些制作阶段是外包的，产品的高价格不再总是高质量和高道德水准的保证。在《现金调查》节目中，记者佐伊·德·布西耶尔考察了奢侈品和开云集团的案例。她的调查揭示了一些意大利分包公司使用外国临时工人的情况，以及该集团一些品牌在皮革鞣制过程中出现的大量工伤事故。正如她所解释的，“我们无法想象在一个非常柔和的奢侈品世界里，在欧洲，在距离巴黎 1 000 公里的托斯卡纳，有这样的行为。这是件可怕的事情。我们告诉自己，在欧洲，我们有质量标准、社会法规、会采取行动的劳动监察部门、适用的欧洲指令、规定所有这些的道德基准”（《现金调查：在奢侈品行业，宣传缺失是一种规则》，载于《电视全览》杂志，2018 年 10 月 9 日）。这名记者注意到，开云集团的宣传倾向于通过各种方式宣扬尊重和介入政治的奢侈品形象：其通过“Kering（开云）”这个名字，强调皮诺家族的布列塔尼血统，这个名字也指英语单词“care”（意为“照顾他人”）；还通过建立开云基金会来对抗对妇女的歧视和暴力。然而，这种话术掩盖了其分包链中的道德缺陷。

这则报道并不是唯一一则重新审视奢侈品固有印象的报道。2017 年，博柏利品牌宣布销毁了价值 3 100 万欧元的未售出商品，从而引发了一场丑闻。随着时尚更新速度的加快，未售出的商品变得越来越多，而品牌正在摧毁它们。这种做法在奢侈品行业很常见，它们拒绝打折销售和清库存，以免其产品太容易获得或落入黑市。说得简单一些，这种做法使品牌得以保护其知识产权和资产。这些破坏行为在企业的年度报告中并不显眼，但据说在 LVMH 集团、开云集团和爱马仕集团是司空见惯的，它们通过“产品过时”“已结束的季节款或系列”和“销售前景”的说辞来为其正名。如果从法律角度看，这些品牌有权销毁属于它们的产品，但从道德和伦理角度看，在部分人还买不起新衣服的时代，公众舆论很难理解这些行为（《未售出商品的销毁：博柏利远不是奢侈品特例》，载于《战略》杂志，2018 年 7 月 23 日）。

我们不应忽视使巴黎、伦敦、米兰和纽约等时尚之都如此出名的奢侈品行业的阴暗面，也不应把亚洲看作一个从事快时尚加工的世界。最近可以看到，中国也有能力生产优质服装。一些法国品牌有 80% 的产品在欧洲生产，而占 20% 的丝制品和针织品却使用中国的分包商。它们认为中国有机器、技艺和工人来制造高质量的产品。正如塔拉·贾蒙的艺术总监所总结的那样，在中国的深处可能有令人难以置信的工厂，而在巴黎可能有非常平庸的制造商（《时尚：为什么你不应该再对中国制造生闷气》，载于《快报》，2019 年 2 月 8 日）。据娜塔莉·吕艾勒教授说，在过去的十年里，中国一直是纺织机械的主要投资者，拥有最现代化的纺纱、染色、针织以及缝纫机器（《时尚：为什么你不应该再对中国制造生闷气》，载于《快报》，2019 年 2 月 8 日）。此外，工作条件正在朝有利于工人的方向发生变化，他们将得到更好的保护，免受有毒物质的影响。我们很难衡量拉纳广场大厦的倒塌以及随后的调查和纪录片如《真实的代价》，在多大程度上提高了品牌的意识[1]（消费者方面是另一回事）——我们将在第四章再来讨论这个问题——但

[1] 指注意员工工作条件的意识。——译者注

超越今天广泛认同的二元观点，即把“坏人 H&M”与道德和奢侈品牌相对立也很有意思。据吕艾勒说，现实比这更复杂，特别是因为快时尚品牌拥有更多的人力、财力和技术资源，比小品牌更符合道德规范。在丹尼斯·达尔皮教授看来，西方时尚界必须承认中国的崛起，尤其是中国奢侈品牌的创立和发展，并停止抹黑中国。达尔皮指出，一些成衣品牌如 Sandro、Maje、Claudie Pierlot（SMCP）和奢侈品牌如浪凡，都是由中国资本拥有的。他解释说，我们不能再抗拒中国对时尚的影响，而是要教会消费者不再只把中国看作一个大规模生产和低价格的国家，而是一个正在发展的时尚国家。

在过去十年中，时尚“四巨头”经历了重大的结构、经济和商业变化。面对来自新的创意城市的竞争、新型客户的出现和快时尚的飞速增长，它们的反应介于保护其长期建立的地位和更新其创意与商业提案之间，这表明了它们在适应时代变化并保持开放的同时保留自身特权和所谓高贵特质的意愿。

成为领导者，
但要付出何种代价？
“时尚之都”的新挑战

LEADER MAIS À QUEL PRIX ? LES NOUVEAUX CHALLENGES DES « CAPITALES DE MODE »

（重新）赋予时尚产业以意义是现在和未来几年的关键问题。我们谈论的是什么呢？事实上这包含几层意思。工人、时装设计师、记者、消费者等都需要了解他们喜欢、购买和穿着的东西从何而来。诚然，很大一部分消费者在购买衣服时不问青红皂白，但越来越多的人开始思考自己的购买行为（《IFM 与第一视觉面料展关于环保时尚的研究》，2019 年 9 月）。他们提出很多问题，涉及生态、社会、伦理和政治等方面。首先，他们想了解他们穿着的衣服是谁做的，是在什么条件下做的。除此之外，他们中的许多人希望他们所穿的时装具有意义，希望品牌能说明时装的制作材料和制作它的裁缝的情况。虽然时尚产业迄今为止的增长是由媒体、时装周、学校和博物馆推动的，但现在它的持续增长取决于新的社会和环境因素，以及参与者（时尚之都、公会、品牌、团体等）使生产和销售过程透明化和道德化的能力。“我们正在见证‘清洁’美容和优质饮食的蓬勃发展，没有理由不发展清洁时尚”，法国女性成衣联合会主席皮埃尔－弗朗索瓦·勒卢埃说(载于《费加罗报》, 2019 年 4 月 2 日)。在时尚领域，伦理的地缘政治学将取代到目前为止一直占主导地位的创意和媒体化的地缘政治学吗？新技术的使用和对创新的支持可能是未来时尚的发展方向，这或许也是对时尚界主要时尚之都的重新洗牌。

时尚的社会影响及其保持影响力的主要挑战

随着服装生产和销售的加速，施加到制造产品的工人身上的压力也急剧增加。与此同时，工人的工作条件也在恶化。这种情况主要影响到位于亚洲的分包工厂的工人，包括在孟加拉国和印度的。尽管在2013年孟加拉国达卡的拉纳广场大厦倒塌后这个问题日益突出，但它绝不是一个新问题。和其他行业一样，时尚行业对利润的偏爱超过了对员工的社会保护，这在20世纪初就已经很明显了。在时尚领域，这一问题于1911年3月25日突然涌现在报纸的头版。这天，美国纽约三角内衣工厂发生火灾，造成了146人死亡，该厂的服装工人大多是来自南欧和东欧的移民。为了控制工人进出、防止他们偷窃服装，工作结束后工厂会对工人们搜身，但房东还是决定关闭8、9、10楼的通道门。当8楼发生火灾（可能是由香烟引起）时，由于周围有摊在地上的纺织物件（棉花、花边、丝带等），火灾迅速蔓延。146名工人无法打开锁着的门逃离，他们死于窒息、烧伤或被扔出窗外。这场悲剧导致了美国时尚行业的组织化，一个公共安全委员会因此成立，其由弗朗西斯·帕金斯领导；随后纽约州立法机构和美国安全专业人员协会（ASSP）于1911年10月14日成立了工厂调查委员会。

虽然这场大火带来了美国工人工会运动的加强和对工人工作条件的更科学管理，但并不是所有参与纺织业的国家的情况都是如此。在一些国家，既没有相关机构，也没有办法制定真正有效的社会政策。2013年孟加拉国拉纳广场大厦的倒塌就是一个令人信服的例子：该建筑内有数千名员工，尤其是从事若干快时尚产品（芒果、普利马克、贝纳通）生产的女工。4月24日，它倒塌了，造成1 100人死亡，2 500人受伤。原因是什么呢？不是爆炸或起火，而是一栋破旧建筑的"简单"倒塌，这栋建筑里有许多员工、大型机器和货物，建筑本身却没有受到监控或维护。服装生产的集中和增加并没有让分包公司为创造新的工作条件而寻找合适且更安全的场所。相反，分包公司因此希望得到更便宜的场地，以确保最佳盈利。正如阿尔芒·阿楚艾尔教授所阐释的那样，没有什么是从工业角度即实用性和人体工程学方面考虑的，就像19世纪的情况一样，当时出现了许多技术、能源和建筑的创新（《拉纳广场大厦，行业的死亡》，载于《世界报》，2013年5月26日）。例如，重型机械和坚实的地板、明亮的空间以及可承受的室内温度之间如何衔接从未被考虑过。

在阿楚艾尔看来，拉纳广场大厦的倒塌和现今纺织工人较差的工作条件并不是工业转移的结果，而是负责人实施非“工业”大规模生产的后果，尽管他们的出口量在增长，但承包商拒绝建造高质量的工厂，以满足纺织生产的必要先决条件。责任在谁呢？当地活动者，即这些不受监管的工厂的负责人，还有分包给他们的欧洲国家和美国品牌。

如果说 1911 年纽约三角内衣工厂的火灾导致美国工厂安全标准和工人工作条件的改善，那么 2013 年的拉纳广场大厦倒塌事件则产生了强烈的媒体影响和国际反响，但其并没有带来有利于工人的当地社会和工会政策。这是因为如果工人要求更高的工资和更好的工作条件，就可能面临大量的威胁、逮捕和法律诉讼（《从三角内衣工厂到拉纳广场大厦：工人必须是优先事项》，载于《每日星报》，2019 年 4 月 24 日）。在没有为工人制定政策的情况下，一场运动在这个悲剧之后发生了。“时尚革命”运动由帕恰库蒂品牌的英国设计师凯里·萨默斯发起，聚集了一些设计师、工会和工人，旨在改善工人的工作条件并改变指导快时尚的原则。该运动的口号以标签的形式出现，如“#I Made Your Clothes”和“#Who Made My Clothes”，在所有宣传网络和国际新闻活动中传播。该运动组织了见面会和讲座，希望也能改变消费者的做法，鼓励他们审视自己的服装消费行为。其他媒体尤其是电影行业也开始动员，让尽可能多的人了解他们所穿衣服的制造条件。2015 年，安德鲁 · 摩根执导的纪录片《真实的代价》是一个里程碑。它基于 2 年间在 13 个国家搜集的数据，通过工人的生活和工作条件以及产生的污染情况来探讨快时尚，也更广泛地研究了大众消费和资本主义的问题。该片在戛纳电影节以及英国和美国的电影院放映，展示了快时尚品牌如何压榨亚洲的分包商，威胁它们在生产成本上升时更换供应商，以及一些工人如何在潮湿且受化学污染的工厂里工作，而一些工人则被殴打。

至于那些从拉纳广场大厦等工厂采购的快时尚品牌，在悲剧发生后决定参与保障它们在孟加拉国使用的分包工厂，那里的经济主要基于纺织业——该国 80% 的出口额来自纺织业，达到了 310 亿美元，雇用了 400 万名工人。它们最初的想法是一致行动，从全球西北或东南部的角度出发，这可能会导致一个新的时尚地缘政治出现。然而，这种情况并没有发生，而是形成了两个“敌对”阵营：一方面是孟加拉国消防和建筑安全协议（2013 年 5 月 15 日），该协议汇集了来自欧洲、亚洲、北美洲和大洋洲（澳大利亚）20 个国家的近 200 名成员，包括普利马克、纽洛克和芒果等品牌；另一方面是孟加拉国工人安全联盟（2013 年 7 月 10 日），由 26 家美国和加拿大公司组成，包括沃尔玛和盖璞。每个阵营都负责检查孟加拉国的工厂，并审计电力和工厂基础设施（John Ahlquist，《企业参与自愿监管倡议：协议、联盟和从孟加拉国进口货品的美国服装进口商》，载于《国际组织评论》，2020 年）。这两者间有一些争议：联盟认为自己对分包工厂的检查比协议多，而协议则认为美国的检查不够严格（《为更安全的孟加拉国而战》，载于《纽约时报》，2014 年 4 月 21 日）。它们在工作方法上也有分歧：协议成员说它们与当地工会和工人合作，而联盟成员说协议没有在其某次检查导致工厂关闭后帮助那些被解雇的工人。2014 年 7 月公布的首批结果显示了（被检查的工厂的）损坏程度（墙壁开裂，存储区和工作区存在易燃材料），以及投资数千甚至数十万欧元进行工程建设的需要。除此之外，在腐败现象普遍的孟加拉国，还需要推动整个社会政策转变，但也需要展开培训，教会工厂主及其员工识别其中的危险，并找到解决办法。

联盟在为 650 家服装厂的 100 万名工人提供消防安全培训后，于 2018 年 12 月 31 日完成了其任期，而协议希望在最初计划的五年后继续开展工作。当时，到 2018 年底，孟加拉国的 8 000 家工厂中有 1 620 家被检查，但只有 174 家进行了建议的安全工程建设。协议的决定并不符合孟加拉国的意愿，该国希望通过本国的国家监管机构——补救协调小组（RCC）重新获得对工厂监管的控制权。然而，协议的许多利益相关者认为，RCC 还没有能力对剩余的 7 000 家工厂进行检查并启动翻新工作。这是对外国操控势力存在和干涉的拒绝，还是对被一些孟加拉国制造商视为殖民主义的方案的拒绝？无论如何，该案件被提交到孟加拉国最高法院，该法院于 2019 年 5 月判决将该协议延长至 2021 年。新协议对加入该协议的品牌商具有法律约束力，它们必须承诺确保安全改造对工厂来说在财务上是可行的，改造过程符合规则，而且由独立机构进行监督、访问。加入该协议还意味着品牌要遵循安全培训、工人管理及其权利与工作条件管理计划。

然而，孟加拉国的这些发展，暴露了一些问题：在拥有时尚品牌的国家和生产品牌产品的国家之间，是否存在着日益严重的全球性不平衡和依赖性？例如，新冠肺炎疫情下，孟加拉国工人是这样失去工作的：一些西方品牌取消或推迟了新冠肺炎疫情暴发前价值高达 28 亿美元的订单。发达国家和发展中国家之间的这种商业依赖与委托人和服务提供者之间的道德依赖相辅相成，后者必须在尊重前者的安全条件和规则的情况下生产得更多、更快。事实上，我们注意到，关于时尚产业未来的辩论让人们听到了西方领先者、奢侈品集团和品牌的声音，但分包工厂所在的亚洲或东欧国家的声音呢？在发展更负责任的时尚经济方面，它们不是可以发挥更大的作用吗？时尚产业的未来不也在于品牌、集团、制造商、分包商和工人之间在全球范围内地缘政治关系的重新平衡吗？

此外，在过去的七年里[1]，对孟加拉国的关注曾导致品牌商将生产外包给其他工作条件较少受到公开审查的国家吗？2020 年 1 月，舆论指出中国已经变得过于“昂贵”，而孟加拉国又太“在枪口上”，于是一些品牌将生产转向了埃塞俄比亚。该国政府不断强调，其劳动力是廉价且合格的，比中国便宜七倍，比孟加拉国便宜一半。埃塞俄比

[1] 指 2014—2021 年。——译者注

亚政府还向品牌提供廉价的土地和免税待遇。诚然，该国在皮革方面拥有生产传统，尤其是自 1935 年被意大利殖民以来；而它的劳动薪酬是全世界最低的：每月 23 欧元(相比之下，当时在孟加拉国为 85 欧元，在中国为 291 欧元)。卡尔文·克莱恩和汤米·希尔费格等已经同意与埃塞俄比亚的工厂进行交易。

近年来，各品牌也纷纷将业务外包给欧洲，使"欧洲制造"有了新的知名度。我们已经看到，这种向欧洲的搬迁使快时尚品牌能够更迅速地为其商店供应季节性服装。从心理上讲，与"孟加拉国制造"相比，"欧洲制造"会让人缓解罪恶感。不过，这掩盖了一个不那么光彩的现实：在乌克兰、匈牙利、塞尔维亚、保加利亚，170 万名纺织工人生活在不稳定的环境下。在乌克兰，一名女工的收入只有 89 欧元，而她每月需要 483 欧元才能养活一个家庭，相比之下，斯洛伐克女工的收入是 374 欧元，塞尔维亚女工的收入是 218 欧元。她们生产的衣服出口到德国、波兰、匈牙利和法国。

2019 年，IFM 与第一视觉面料展进行的一项研究显示，对于国际消费者来说，工人的工作条件（仅仅）是服装产品的第三大可持续发展标准。如果消费者"关注"衣服的制造条件，那么他们在购买产品时是否也关注呢？他们的伦理和道德水平如何？回答这个问题就更难了，因为没有什么是非黑即白的。你不能责怪那些买不起"法国制造"或"意大利制造"的快时尚买家——无论如何，这些标签都令人困惑，而"法国制造"或"意大利制造"的产品更难找到。

在衡量道德时尚时，也应将社会问题与环境问题结合起来，以获得对境况的全面估计。

减少时尚对环境的影响：保持领先地位的必要性

自 2012 年以来，媒体一直在说，时尚是地球上仅次于石油的第二大污染产业。这一判断并不基于任何可靠的科学数据，但多年来，它已成为一个响亮的口号、一个雄辩的短语，以至于在人们谈论时尚行业的环境影响时，它被反复使用（《时尚界最大的假新闻》，载于《纽约时报》，2018 年 12 月 18 日）。不过，时尚确实是世界上对地球破坏最大的行业之一，无论是在碳排放和流入自然界的化学品方面，还是在垃圾过剩方面。2018 年，世界上近五分之三的服装在生产后一年内被扔到垃圾厂，而世界上 8% 以上的温室气体是由服装和鞋类行业产生的（这几乎与全球公路运输产生的一样多）。其他数字的意义不言而喻：全世界生产的化合物中有 20%~25% 被用于纺织业。

聚酯是一种石油衍生品，占世界纺织纤维量的 60%，占海洋中发现垃圾量的 90%。此外，时装业每年消耗 790 亿吨水（占全球水消耗量的 1%），特别是用于棉花种植。奢侈品和快时尚都和这些数字有关系，尽管后者在环境污染和劳动剥削方面有更多责任。除了服装所产生的社会和环境影响之外，时装周的碳足迹和因时装周而产生的数万名专业人士的差旅也是时尚界的一个核心问题。2018 年，品牌方和买手为参加四大时装周和在世界各地举行的各种时装展而进行的差旅造成了 24.1 万吨二氧化碳排放(来自飞机、火车、出租车和酒店消耗的水、燃料和电力)，这个数字相当于纽约时代广场 58 年照明所排放的二氧化碳量。此外，一个买手的碳足迹是普通人的两倍，而零售商每年平均要为时装周旅行 19 000 多公里（《弄清时装周的碳问题》，载于《纽约时报》，2020 年 2 月 12 日）。新冠肺炎疫情让时装周的未来问题比以往任何时候都更加突出了。由于病毒传播，各大时装周不能在 2020 年春季举行, 由此出发, 设计师和工业家提出了关于时装周未来的问题: 在可运用新技术以污染更少的数字秀取代实体秀的今天，时装周是否还有意义?

在国际舞台上，奢侈品牌方面正缓慢意识到生态的紧急状况。如果说在 2009 年, 许多品牌如卡尔文 · 克莱恩、汤米 · 希尔费格、普拉达、拉夫 · 劳伦、阿玛尼、博柏利、路易威登和爱马仕都没有隐瞒它们将部分生产外包给亚洲国家、匈牙利和罗马尼亚等的事实，那么在 2019 年时情况就不同了。在努力减少时装对环境和社会影响的背景下，各品牌重新在法国或意大利境内投资，在当地进行生产并减少搬迁。同时，它们开始就其产品的生产地进行大范围宣传，即使它们之间的定位存在一定的差异。第一类品牌在本国或附近的欧洲国家生产大部分产品，并在其网站上透明地表明这一点，圣罗兰（“意大利制造”“制造国：法国”）、华伦天奴（“意大利制造”）、古驰（“意大利制造”）、巴黎世家（“葡萄牙制造”“法国制造”）、爱马仕或路易威登（“意大利制造”）就是如此。当然，这种本地标签没有法律约束力，可能是擦边球，甚至是有误导性的。第二类品牌会表明其产品的原产地，区分顶级产品和入门级产品，前者在当地生产，并通过“英国制造”或“意大利制造”的标签进行标识，后者则带有“进口”字样。博柏利或拉夫·劳伦的情况就是如此。第三类品牌则没有就其产品的原产地进行沟通，尽管其中一些产品必须在当地生产，这或许是为了避免对它们所进行的生产迁移做出解释：这就是普拉达、纪梵希或雨果博斯的情况。除了“法国制造”和“进口”之外，其他标签还标明了“法国设计”和“意大利设计”等用词——为了换一种说法，但它们“忘记”了标明“产品随后在中国制造”。

除了那些在产品可追溯性问题上给自己定位的品牌及其所属集团，设计师们也决定超越通常具有误导性的“某国制造”标签，创造出能体现道德时尚理念的系列。自 2001 年推出个人品牌以来，英国设计师丝黛拉·麦卡妮就将承担生态责任作为公司的核心目标之一，并为提高时尚界的环保意识做出了贡献。她解释说，她不使用任何动物原料（皮革、皮草、羽毛等），并特别青睐创新的生态友好型材料如 Eco

Alter Nappa（由聚酯和聚氨酯制成的合成皮革）、生物塑料和黏胶纤维。她对生态责任的看法延伸到她的精品店的布局上，她为此使用了可再生能源。在法国，玛琳·奢瑞是最早将这些问题作为其系列核心理念的设计师之一，她推出了回收服装。2019 年 2 月，在播出名为《辐射》的末世风格 3D 短片后，玛琳·奢瑞推出了她的黑潮时装秀。2020 年 3 月，轮到巴黎世家了，其通过德姆纳·格瓦萨里亚的表达，在 2020—2021 年秋冬秀中对自己进行了定位。那场时装秀是这样的：在电影城邦[1]里，在一个被记者描述为令人焦虑的气氛中，地面被水覆盖，天空隆隆作响，烟雾缭绕，不祥的鸟儿飞过，模特们穿着单色服装走秀，这些服装大多是黑色的。他们将水溅到了观众身上，例外的是，观众不是坐在第一排，而只是坐在第四排——前三排座椅都浸泡在水中。该场时装秀的目的是传达反对全球变暖的信息。随着戏剧性音乐强度的上升，巴黎世家“唤起”了世界灭亡的氛围。

在快时尚品牌方面，近年来开发了许多工具来改善其形象和加强生态责任。如前文所述，某快时尚品牌已经发布了几个有利于环境保护的活动和系列，如“环保自觉行动”系列、修复与回收、到 2040 年实现“对气候起到积极作用”计划，而带有“生态”口号的 T 恤的销售量成倍增长，绿色标签和用植物装饰的广告量也是如此。据说品

[1] 电影城邦又称巴黎电影制片厂，是一个电影制片厂综合体，最初由电影导演和制片人吕克·贝松支持、创办，在位于巴黎北部的圣丹尼的一座翻新发电厂内。该综合体旨在成为罗马的罗马电影城、伦敦的松林制片厂和柏林的巴贝斯柏格制片厂的竞争对手，于 2012 年 9 月 21 日落成。——译者注

牌内部有 220 人致力于研究可持续发展问题，该品牌已承诺到 2030 年 100% 使用可回收材料，并启动了改善其分包商工作条件的计划如公平生活工资，开发了一系列有机棉，据说还在其制造过程中去除了 11 种化学品。然而，它的大部分产品仍是由石油工业产品聚酯制成的。此外，该品牌经常使用的“有机棉”这一名称本身就令人困惑。有机棉标准分为有机含量标准（OCS）和全球有机纺织品标准（GOTS），前者的生产不受任何具体规定的约束，后者则必须获得许多开发、操作和交易认证。快时尚所销售的产品被贴上了“有机棉”的标签，却没有给出进一步的细节，为许多解释留下了空间。最后，2013 年到 2017 年，该品牌将数吨未售出的货物焚化，这让人们对其生态承诺产生了怀疑。对于其他快时尚品牌，人们也有同样的质疑，因为似乎不可能调和大众时尚系统本身与保护地球资源的矛盾。

最近出现的一种新的快时尚形式，即所谓的超快时尚，特别是 Fashion Nova 和 Boohoo 品牌所体现的时尚，正朝这个方向发展。自 2006 年以来，Boohoo 以低价产品和与真人秀节目、Instagram、TikTok 网红的合作而出名，它在 Instagram 上拥有 700 万名粉丝，每年在数字营销上投资 9 000 万英镑，其目标群体是年轻消费者。该品牌为他们提供廉价的产品，这些产品是他们在所关注的网红身上看到的，并想在第二天就穿上，然后在自己的社交网络上发布。作为一个具有指数级增长速度（2017 年增长了 600%）和 2018 年被谷歌搜索最多的品牌，成立于 2013 年的 Fashion Nova 紧随 Boohoo 的脚步。

它每周发售 600 个新款式，并且产品在一天内到货，它不需要广告活动来使自己出名。在网红的转发下，其产品显得非常浮夸，而且大部分在“现实生活”中无法穿着，但往往在网上发布后就断货了。原因是什么呢？它们适合发布在 Instagram 上，好“摆造型”。该品牌毫不犹豫地转发客户的帖子，这能让其在一个晚上的时间里获得知名度。为了满足主要是美国人和欧洲人的这样一个客户群，Boohoo 和 Fashion Nova 雇用的是当地劳动力：前者是英国莱斯特，后者是洛杉矶。在亚洲已经发生的并且仍在发生的事情，在英国也发生了。2020 年 7 月 5 日，《星期日泰晤士报》披露，Boohoo 公司在莱斯特的工人每小时工资在 3.5~4.4 英镑——平均工资水平应该在 8.72~10.93 英镑——而且保护条件不到位，无法保护他们免受新冠病毒感染。Boohoo 品牌回应说，它将审查供应链，并投资几百万英镑使外包工厂条件达到标准（《为什么你应该关心 Boohoo 在本周成为头条新闻》，载于《纽约时报》，2020 年 7 月 8 日）。

近十年来，支持“更可持续时尚”的辩论涉及不同国家的不同行为者，使时尚之都间能够相互交流并超越它们的分歧和各自议程，以找到共同的解决方案。在全球范围内，提出的各种倡议已经成倍增加。可持续服装联盟汇集了 250 个品牌，其目标是衡量并减少时尚对环境和社会的影响；道德时尚倡议在联合国和世界贸易组织的支持下于 2009 年启动，旨在让品牌与发展中国家的工匠建立联系。全球时尚议程自 2009 年以来组织了哥本哈根时尚峰会，这是关于时尚可持续发展的最重要且最受欢迎的活动之一；艾伦·麦克阿瑟基金会创建于2010年，提倡循环经济的概念；还有法国发起的时尚公约。2019年5月，在哥本哈根时尚峰会上，法国总统埃马纽埃尔·马克龙委托弗朗索瓦-亨利·皮诺（开云集团董事长）承担召集奢侈品公司的使命，以便“集体参与该行业的可持续发展”。后者在2019年8月向七国集团峰会提出了时尚公约，包括香奈儿、普拉达和爱马仕、盈迪德集团（LVMH集团除外）等150家企业签署了该公约。它们的目标包括：到2050年实现温室气体零排放，到2030年在供应链中100%使用可再生能源。

时尚界和消费者应该为这些举措的倍增而感到高兴。然而，倡议的激增也意味着目标的淡化、各公司所采取的行动之间缺少协同作用，以及结果零散。这种倡议倍增的现象最终不是反映了每个国家或集团都希望在可持续发展问题上给自己的时尚定位，并组织最引人注目和最吸引媒体的活动，从而使可持续发展成为21世纪新的软实力工具吗？协会、基金会和契约的建立不是主要为加入它们的品牌和成员服务，让它们具有“好的形象”和良知吗？今天，生态研究比以往任何时候都更成为一项“时尚”事业，似乎已经成为“公司及其管理者宣传的一个强制性部分”（《时尚契约：七国集团的“漂绿”？》，载于《经济晨报》，2019年8月27日）。一些更积极的迹象出现在时尚学校，这些学校越来越多地围绕时尚的社会和环境影响来制订完整的课程——以前只通过嘉宾讲座来谈论——甚至将可持续发展问题置于它们提供的所有课程的核心，无论是设计、营销还是商业课程（《时尚学校如何解决可持续性之谜》，载于《时装商业评论》，2019 年 6 月 5 日）。

在时尚公约宣布之后，一些声音谴责其所宣布措施的模糊性，以及它留给签署者的过度自由，因为该协议没有法律约束力，也没有规定任何惩罚性措施，因此看起来更像是一项拟议的准则。还有人指责官方宣布契约的形式本身，因为“在如此宏大且官方的背景下，这种（保护环境的）意识显得庄严且壮观，但往往掩盖了最终不那么革命性的承诺”（《时尚学校如何解决可持续性之谜》，载于《时装商业评论》，2019 年 6 月 5 日）。绿色和平组织和世界自然基金会等非政府组织没有被邀请参与公约的起草工作，它们认为“这是一个行业的烟幕弹，而这个行业正是问题的根源”。绿色和平组织发言人克莱芒·塞内沙尔说：“这些私营公司没有资格参加世界峰会；应该由公共当局做出决定并实施法律。”这里他指的是“点菜式外交，参与者不需要负责任”（《时尚公约，环境保护的进步还是宣传举措？》，法国 24 电视台，2019 年 8 月 26 日）。事实上，这一协议从奢侈品集团的领导人口中说出，我们是否可以期望它会使时尚对环境的影响得到改善，并使其分包工厂的信息真正透明？在所有这些声明中，有多少是真正的意图，有多少是所谓的“洗绿”——即通过口号、广告和行话进行误导性宣传的做法，目的是给品牌或产品一个环保的良性形象？此外，由于生态学已经成为群体影响力的一个基本要素，它在多大程度上被用于扩大影响力？我们可以探究这个要素在多大程度上成为奢侈品集团宣传的主力，以及它如何成为集团之间的一个竞争因素。例如，LVMH 集团拒绝签署时尚公约，认为 LVMH 集团与其他几个在海外生产产品的签署方没有关系，并吹嘘自己是环保先驱者，从 1992 年开始就通过集团的环境部门思考这些环境影响问题。从那时起，该集团就成立了一个科学委员会，并特别在其 LIFE 360 计划中与联合国教科文组织合作（人与生物圈计划），承诺反对砍伐森林并捐赠 1 000 万欧元用于扑灭亚马孙雨林的大火。该集团还致力于减少二氧化碳排放，减少其产品和生产基地的环境足迹，以及供应链和产品的可追溯性。生态问题也是国家之间竞争的对象：2019 年 8 月在法国组织的七国集团峰会上，在世界最强大的国家面前，部分公告被用于时尚产业，见证了这一点。在这之后，法国甚至委托其生态转型和团结部国务秘书布吕内·普瓦尔松负责“时尚档案”，以起草一项法案，禁止销毁估值为 6.3 亿欧元的未售出服装。该法案于 2020 年 1 月 30 日通过，并于 2022 年生效。

除了仍在考虑应用方式的“慢时尚”之外，应用于时尚的新技术也可能是时尚行业对此问题的未来解决方案。

通过创新来抵抗：时尚、新技术和软实力

“时尚和技术”，二者的这种关联可能看起来令人惊讶。然而，自古以来，得益于技术、工具和机器，我们称之为时尚的东西从未停止过发展。时至今日仍然如此，即使我们现在谈论的是“新技术”——这一表述从词源上讲是指对技术的研究。事实上，正是工具和机器的逐步发明，从针到提花织机、缝纫机以及功能性创新纺织品的发明再到 3D 打印机，持久地改变了时尚产业，使其从量身定做到大规模生产，然后到成衣，到快时尚，再到现在的互联服装……各种创新既涉及生产技术，又涉及时尚相关知识的传播，从 19 世纪的第一份时尚报纸——它使时尚得到更广泛的传播，一直到 Instagram。

如果没有新技术、没有创新，就不可能有时尚的更新。熊彼特在

《资本主义、社会主义和民主》中，用“创造性破坏”的概念定义了这种由创新带来的变化 [Schumpeter，1990 年（1947 年）]。每一项新的技术发明在某种意义上都摧毁了一种旧的服装生产类型，并以一种具有新品质的新类型取而代之。长期以来，技术史包括对各民族相继发明的技术进行盘点，作为其国家、工艺或工业发展的标志。此后，在 20 世纪初，年鉴学派为技术史提供了新的动力，将其与社会史联系起来，更重视社会对技术的使用情况而不是技术本身（Haudricourt 和 Dibie，1987 年；Caron，2010 年）。这种观点使我们能够掌握新技术给时尚带来的东西，而此前时尚一直在艺术和工业的定位之间摇摆不定。处于功能性和创造性创新之间的技术在时尚界有两个主要目标。首先是实用性，因为许多技术创新是服装“简化”的起源，是服装向更强的功能性、适应性和更高的效率发展的起源。其次是美学或创意，因为技术创新是为服装的外观服务的，追求服装的美学改良。

在被认为技术上最具创新性的设计师中，时装史上榜上有名的有安德烈·库雷热、帕科·拉巴纳和皮尔·卡丹。这三人都与纺织品制造商合作，生产金属、有机玻璃和铝制的衣服。人们还可以回忆起风格以及技术革新，如 20 世纪 10 年代马里亚诺·福尔图尼和 20 世纪 30 年代格雷斯夫人的褶皱裙，以及玛德莱娜·维奥内的斜裁。今天，使用 3D 打印技术的艾里斯·范·荷本，使用 LED 灯泡的侯塞因·卡拉扬，以及使用反光纺织品或光纤的克拉拉·达更，都被视为不断拓展所谓“技术”时尚边界的人。诸如 3D 打印和创新纺织品的使用等新技术绝不是噱头，其越来越成为设计的组成部分。这个行业更普遍地认识到技术转型对于满足 Y 世代和 Z 世代的需求至关重要，他们是高度连接网络的“数字原住民”，同时认识到技术创新和环境影响一样可以作为国际竞争的杠杆。

经济合作与发展组织（OECD）编制的《奥斯陆手册》为工业创新活动中收集和使用信息制定了准则，该手册区分了产品创新、程序创新、营销创新和组织创新的概念。今天，人们所追求的是尤其在时尚界承担更大社会和环境责任的技术。确实，近年来服装生产加速和由此产生的污染带来了众多问题，除了前几章提到的与媒体和电子商务（换句话说是与时尚的传播，其处于创意过程的下游）相关的技术，影响时尚制造本身（处于创意过程的上游）的新技术工具可能是解决这些问题的方法之一。运用这些新技术，可以最好地预测需求和库存。它们成为新的时尚道德的担保人，立即被证明是一个区别因素，用以区分那些为打造“更好的”时尚产业而采用这些技术的国家和那些没有采用这些技术的国家。

通过技术对国家进行区分是否会成为常态？作为一种影响力方面的工具，用于促进“更可持续时尚”的新技术现在是否会支配时尚行业中国家之间的等级制度？这是技术学院[1]在 2018 年由帕斯卡尔·莫朗撰写的题为“技术与软实力：以时尚和奢侈品行业为例”的报告中提

[1] 技术学院是法国的一个学术团体，成立于 2000 年 12 月 12 日，其宗旨是启迪社会对技术的最佳利用。2007 年 3 月，它成为一个公共机构。——译者注

出的观点：创造和创新是竞争力的两个基本因素，当它们长期结合在一起时，其作用更加强大。因此，通过优化创造和创新的结合，法国时尚将在所有级别的范围内维护其优越性（2018 年，第 28 页）。

因此，人们可以想象，创新有被用户采用的天职，其因此拥有市场（2018 年，第 25 页）。率先在其领土上成功开发这种市场的国家是否会成为时尚产业的领导者？ 18 世纪中叶，新机器和工具的发明（尤其是 1765 年英国发明的珍妮纺纱机）——换句话说，纺织业的机械化使欧洲的纺织生产得以发展，从而使欧洲大陆有机会在世界范围内确立其纺织业的正统性，以及更广泛的工业的正统性——纺织生产的机械化甚至早于在欧洲国家更为普遍的工业化。

在以生产大规模化为标志的第二次工业革命和以生产自动化为特征的第三次工业革命之后，在制造过程中使用新技术的第四次工业革命（工业 4.0）是否会在时尚界发挥类似作用？我们可以打赌，成功将人工智能应用于时尚领域的领先国家很可能会获得比其他国家更多的优势，正如 19 世纪末成功运用缝纫机制造服装的欧洲和北美国家所取得的优势一样。第四次工业革命将把该行业从数字时代（电子商务、社交网络上的宣传）带到“时尚科技”，这一概念涵盖了联网服装、智能纺织品、反展厅现象（顾客在去实体店购买前，可以在网上搜索产品并了解其库存情况和价格）、3D 打印等，而参与者已经在该领域定位，尤其是美国人。这场革命的雏形出现在几年前。2015 年，谷歌与李维斯合作开展 Jacquard 项目，旨在创造智能、触控服装。2017 年，谷歌设计了一件智能牛仔夹克，触摸袖口的触控板后，就可以像在智能手机上一样触发操作。中国没有被抛在后面。研究人员李开复在2005年至2009年任谷歌在中国的主管，他认为中国将成为人工智能的世界领导者，而“硅谷的娱乐已经结束，其‘半怪人半嬉皮’的混合意识形态已无法引领世界”（《技术战争，“TikTok”时刻》，载于《观点报》，2020年8月6日）。技术学院在报告中强调，“一场真正的软实力之战即将在这个领域上展开”。

在新技术领域，其中两项技术——区块链和人工智能是行业的优先事项，因为它们将使那些掌握它们的人能够建立品牌声誉和公司透明度。区块链，创建于2008年，是一种存储和传输产品信息的技术。这是一个透明且安全的数据库，所有人都可以访问，可以让我们了解所购买的产品是如何生产的，哪些行为者参与了生产。根据技术学院（2018年，第53页）的说法，采用区块链可以使伪造行为减少，因为集成在产品中追踪其制造阶段的芯片（例如RFID）将能够提供其是否伪造的信息。除此之外，区块链将解决前面提到的社会和环境问题，让消费者知道他们的衣服是在什么条件下由谁制作的，以及用什么面料和材料制成的。因此，区块链似乎为每个生产阶段的透明度提供了保证。然而，它受制于时尚界的意愿，在快时尚的背景下，这种受制就更多了。事实上，只有参与产品制造的每个行为者（工厂、品牌等）在数据库中记录的信息确定是“真实的”，区块链才会很有用。此外，虽然它可以使服装的可持续性有更大的透明度，从而迫使中间商采购它们的原材料，但区块链也是电力的主要消耗者（包括其生产和使用），因此造成了温室气体的排放。虽然区块链有拥护者，但也有反对者，他们不相信一项技术——无论它多么完善，能改变分包商和时尚品牌对待工人的方式。

人工智能也使时尚行业充满了可能性。它可以通过更好地了解品牌的销售、利润和库存来改善生产管理；通过个性化的报价和跟进来优化消费者的客户体验；甚至可以用来创造。通过分析客户在互联网上的查询、社交媒体活动和在线销售结果等多种数据，人工智能算法可以进行趋势预测，改善库存管理、进行补货，确定最受客户欢迎的产品，指导零售商制造客户需要的产品，从而减少经常被品牌方销毁的未售出商品量。特别是谷歌推出了谷歌思考，汇集客户资料和品牌数据等各种数据来预测趋势。法国初创公司 Heuritech 则开发了一个人工智能平台，分析电子商务品牌和社交媒体的互联网内容，追踪消费者最追捧的服装颜色、形状和类型。其他“工具”，如基于时装周或社交网络图像的趋势检测器，也旨在预测明天的时尚。更甚者，人工智能工具可以使零售商根据消费者在之前的购买过程中通过填写表格传送的与其偏好和品味相关的数据，为他们创造个性化的服装。虽然这些预测工具将使未来的时尚产业能够提供符合消费者期望的产品，它们对于管理库存和生产“智能”产品也非常有用，但它们难道不是对创造力的一种制动，迫使品牌只生产客户已经想要和知道的东西吗？为了改善消费者的客户体验，聊天机器人或对话代理也可以为买家提供他们正在考虑的产品的相关建议。其他“工具”也被开发出来，可以对人体进行三维扫描，这样客户就可以在购买衣服之前在网上试穿。除了这些应用，人工智能还被应用于服装本身，例如，在服装上设计的全天自动开合的开口，可调整个人感受到的温度——运动员是第一批受到这种技术影响的人。在健康领域，人工智能还可以通过嵌入服装的马达使残疾人更轻易地移动身体。

各种可能性为每个国家、集团和品牌提供了改变其生产和设计方法的机会。然而，由于这是关于时尚的问题，对于那些在服装中融入新技术的最先进的品牌，如李维斯、拉夫·劳伦，必须表明它们用新技术制造的产品超越了运动领域（装有 GPS 追踪器以传输体温、跑步者的速度等信息的运动服）和健康领域（监测心跳或胰岛素水平的服装），可以作为日常服装穿着。此外，必须向客户展示这些“技术”产品不是噱头，而是可以对最多的人有用，它们可以在审美层面上“好看”、易于穿着，而不能是各公司搜集客户数据的另一种方式。

同时，必然的，另一场战争正在进行，因为在新技术时代，我们从未如此多地谈论过手工在创作过程中的作用。从古至今，尽管新技术不断涌现，但手工艺在奢侈时尚产业中仍占主导地位。这场斗争正在各大时尚之都和时尚品牌之间进行，以将手工艺的灵巧性与新技术的无限可能性并列起来。在手工和机器之间，时尚品牌不能做选择，而是要在这两个领域都追求卓越。为了实现这一目标，时尚品牌必须保护它们的工艺和技术，然后利用它们来宣传自己的形象。在过去 15

年里，法国和意大利的品牌制定了一项保护其工艺的政策，对它们来说艺术工种仍然是被其他时尚之都“羡慕”的一个区别标准。香奈儿在保护法国和欧洲的手工艺方面发挥了重要作用。它已经收购了22家工坊，包括1996年收购制作羽饰的Lemarié，1997年收购制帽的Maison Michel，2002年收购制作刺绣的Lesage，2013年收购制作褶饰的Lognon。自2002年以来，香奈儿通过由卡尔·拉格斐创建的年度时装秀——香奈儿艺术大师秀，来推广这些手工艺。自2004年起，每场时装秀都与世界上的一个城市（东京、伦敦、纽约、达拉斯、上海等）相关联，并在这些城市举行（每场时装秀都以“巴黎－举办城市”来命名，如“巴黎－纽约”“巴黎－东京”等），这是一种将香奈儿的技艺传播到法国之外的方式，并证明了法国创造力的卓越地位。爱马仕在庞坦将其专门用于生产马具、皮具、成衣和餐具的车间面积扩大了一倍，并在2015年开设了一个皮革方面的专用培训中心。英国方面，博柏利在2018年收购了佛罗伦萨附近的一家意大利皮革手袋制造厂，以便对其产品的整个生产链进行控制，并在质量、成本、交付和产品耐久性方面追求卓越。

新技术的兴起，在为时尚提供新的可能性的同时，也强化了其一直以来的本质：手工作业。时尚行业的演变绝不是颠覆性的，而是不断地重新审视其历史和沿革。

结 论

CONCLUSION

时尚的未来是什么？“我们应该终止时装周吗？”《世界报》于2019年9月25日问道。一方面，气候活动人士，特别是国际运动“反抗灭绝”的参与者，其中包括一个“#boycottfashion”团体，正在呼吁取消时装周。另一方面，各种时尚工会，如BFC在2019年面对取消英国时装周的呼吁回应说，这是不可能的——因为时装周在经济上的重要性和创造的就业收益。面对将时装周转变为数字展示的提议，FHCM通过其执行总裁帕斯卡尔·莫朗解释说，“不仅流媒体在生态上不是碳中和的，实体活动也受益于无可比拟的场地统一性、社区精神和情感附加值。然后，虽然我们知道如何在屏幕上再现静态3D，但即便动态3D也无法带来服装摆动的优雅感觉”（《应该结束时装周吗？》，载于《世界报》，2019 年 9 月 25 日）。然而，为了表示好的意愿，FHCM 正在建立一个 100% 纯电动化出租车和公交车的系统。因此，对时尚和时装周未来的表态比以往任何时候都更具政治性。各时尚之都提出将时尚向社会和环境伦理转型，这是它们对时尚的社会和环境影响保持开放态度与拥有意识的迹象，这些建议成为某种“时尚声明”，使它们与众不同，并能使它们变得更加强大或更有争议性。一年后，在新冠肺炎疫情的影响下，人们更加敏锐地提出这个问题。这次新冠肺炎疫情凸显了许多时尚界人士多年来一直呼吁的变革。但是，当快时尚巨头取消订单时，这一动作威胁到亚洲分包工厂的生存，使数百万名工人失业，同时揭示了各国是如何日益相互依赖的。每个时尚之都都在以自己的方式对疫情危机做出反应。无论它们提供的是实体、数字还是“实体数字相结合的”时装秀，每个时尚之都都必须保持其在时尚界前沿的等级和地位并解释其举措，以保持与客户的紧密关系。在法国，2020 年 7 月和 10 月“被迫”举办的数字时装秀产生了积极的效果，因为它“促进了创造力和视觉艺术发展”，帕斯卡尔·莫朗解释道。他对巴黎时装周的未来的结论是，“我们将继续创新，我们不会倒退”（《世界四大时装联合会眼中的时装周的未来》，载于《时尚商业》，2020 年 11 月 6 日）。

今天在许多人看来，此次新冠肺炎疫情引发的危机是时尚界的一个机会，一个反思其系统及地缘政治系统的机会，时尚之都可以重新审视本土生产、对本地技艺的推崇以及相关教育培训等。许多设计师还呼吁改变时尚的狂热节奏，使时装周上展示的服装与季节之间更加协调一致——直到现在，时装周在 3 月份展示的服装都要在下一个冬天才能穿着。恢复到一年四季（两套高定时装和两套成衣），没有度假系列，没有早期系列……这会是更新时尚系统的条件吗？圣罗兰、古驰和迈克高仕都发了声，宣布它们离开官方的时装周日程表，并希望花更多的时间来创造产品……这是对一种“慢奢侈”的呼吁。除了这些无法衡量效果的举措之外，有个问题是要知道时尚，特别是由古老技艺和技术制成的高定时装和成衣，如何能够调和创造力和盈利能力。从工业、经济和实用的角度来看，其风险很大：各时尚之都必须设法保持其时装周的成效，也就是说，尤其需要继续吸引来自世界各地的买家，尽管圣罗兰和古驰等重要品牌已缺席。在正在出现的新模式中，品牌似乎想独立于迄今为止“操控”它们的官方日程和机构来决定它们的活动或日程，我们是否可以想象，品牌的吸引力将取代时尚之都的吸引力，或者换句话说，时尚地缘政治体系的不同极点从此将是品牌而不再是时尚之都？对于快时尚品牌及其生产方式，挑战是巨大的，因为这涉及道德和人性的问题。我们能想象它们的工人有一个更好的未来吗？这是不大可能的。正如致力于改善孟加拉国和缅甸工人工作条件的公平服装基金会主管科恩·伍斯特罗姆所解释的那样，“最近有许多关于时尚行业可持续性的艰难讨论。这种情况表明它的许多做法有多么不可持续。许多工作不稳定的工人失去了收入，在一些地区，人们从来没有如此严重地暴露在剥削之下”（《“我们的情况是灾难性的”：

孟加拉国服装工人面临毁灭》，载于《纽约时报》，2020 年 3 月 31 日）。像新冠肺炎疫情这样的危机会不会导致为避免破产而挣扎的分包商和零售商对社会和环境法律的忽视？

除了政治决策之外，像所有社会和生态上的突破一样，这种突破也可能来自消费者对这些问题的兴趣，因为消费者的购买行为是变革的真正杠杆。如果我们有意识地决定把钱放在哪里，品牌将别无选择，只能改进。消费者中已经出现了新的购买习惯，不管是年轻人还是老年人，他们喜欢购买少量但质量好的产品，他们关心产品的来源和生产方式。2013 年，在新的信息和通信技术发展的背景下，媒体和信息教育被纳入法国初中第一年到初中第四年[1]的课程中。我们能否想象关于时尚的类似教育？

那么，时尚的未来将是什么？虽然很难回答这个问题，但正如我们所看到的，这个行业处于永久的演变和重整中，以至于与许多领域交织在一起：艺术、经济、社会和环境。因此，从全面的角度来看待这个问题，就有可能突出在这个行业的进展中占主导地位的权力问题，以及它面对改变的迟疑。在任何情况下，我们都迫切需要重新思考时尚和这一领域里正在进行的势头，以便将当前的意识转化为行动。

[1] 法国中等教育中的初中教育为四年，从低到高分别为六年级（初中第一年）、五年级（初中第二年）、四年级（初中第三年）、三年级（初中第四年）。——译者注

参考书目

BIBLIOGRAPHIE

ADORNO Theodor W. et HORKHEIMER Max, 1983 [1947], *La Dialectique de la raison*, Paris, Gallimard.

AGNEW John, 1998, *Geo-Politics: Re-visioning World Politics*, Londres, Routledge.

ANDERSON Fiona, 2000, « Museum as fashion media », *in* BRUZZI Stella, CHURCH GIBSON Pamela, *Fashion Cultures: Theories, Explorations and Analysis*, Oxon et New York, Routledge, p. 371-389.

APPADURAI Arjun, 1990, « Disjuncture and Difference in the Global Cultural Economy », *Theory, Culture & Society*, vol. 7, n° 2.

APPADURAI Arjun, 2015 [2005], *Après le colonialisme. Les conséquences culturelles de la globalisation*, Paris, Payot.

AMIES Hardy, 1984, *Still here. An autobiography*, Londres, Weidenfeld and Nicolson.

BARD Christine, 1998, *Les Garçonnes, modes et fantasmes des Années folles*, Paris, Flammarion.

BARTHES Roland, 2014 [1967], *Système de la mode*, Paris, Points.

BASS-KRUEGER Maude et KURKDJIAN Sophie, 2019, *French Fashion, Women and the First World War*, New Haven, Yale University Press.

BELFANTI Carlo Marco, 2014, *Histoire culturelle de la mode*, Paris, Éditions du Regard.

BELFANTI Carlo Marco, CAPALBO Cinzia, MERLO Elisabetta et PINCHERA Valeria, 2019, « La mode au défi de l'histoire économique : La mode et l'économie italienne (XIXe-XXe siècle) », *Apparence(s)*, 9.

BENAÏM Laurence, 2018 [1993], *Yves Saint Laurent*, Grasset, Paris.

BENJAMIN Walter, 2013 [1942], *Sur le concept d'histoire*, Paris, Payot.

BERTRAND Jean-Michel, 2013, « Libres propos sur le soft power, la culture et la transmission des savoirs », *Mode de Recherche*, n° 19, p. 59-66.

BIDE Bethan, 2020, « London Leads the World: The Reinvention of London Fashion in the Aftermath of the Second World War », *Fashion Theory*, vol. 24, n° 3, p. 349-369.

BLASZCZYK Regina, 2009, *Producing Fashion: Commerce, Culture, and Consumers*, Philadelphie, University of Pennsylvania Press.

BOUCHERON Patrick, 2013, *Pour une histoire-monde*, Paris, PUF.

BREWARD Christopher, EHRMAN Edwina et EVANS Caroline, 2004, *The London Look: Fashion from Street to Catwalk,* New Haven, Yale University Press.

BREWARD Christopher et GILBERT David (dir.), 2006, *Fashion's World Cities*, Londres, Berg.

BRUZZI Stella, CHURCH GIBSON Pamela, VÄNSKÄ Annamari et CLARK Hazel (dir.), 2017, *Fashion Curating: Critical Practice in the Museum and Beyond*, Londres, Bloomsbury.

CARACALLA Jean-Paul, 1997, *Le Roman du Printemps, histoire d'un grand magasin*, Denoël, Paris.

CARATOZZOLO Vittoria, CLARK Judith, FRISA Maria-Luisa, 2008, *Simonetta, The First Lady of Italian Fashion*, Venise, Marsilio.

CARON François, 2010, *La Dynamique de l'innovation, Changement technique et changement social (XVIe-XXe siècles)*, Paris, Gallimard.

CHATRIOT Alain et CHESSEL Marie-Emmanuelle, 2006, « L'Histoire de la distribution : un chantier inachevé », *Histoire, économie et société*, n° 25-1, p. 67-82.

CHARON Jean-Marie, 2001, « La presse magazine, un média à part entière ? », *Réseaux*, n° 105, janvier, p. 53-78.

CHARON Jean-Marie, 2008 [1999], *La Presse magazine*, Paris, La Découverte.

CHITOLINA Armando et TYRNAUER Matt, 2009, *Valentino. Una grande Storia italiana*, Cologne, Taschen Verlag.

CHESSEL Marie-Emmanuelle, 2012, *Histoire de la consommation*, Paris, La Découverte.

CHURCH GIBSON Pamela, 2012, *Fashion and Celebrity Culture*, Londres, Berg.

CREWE Louise, 2017, *The Geographies of Fashion: Consumption, Space and Value*, Londres, Bloomsbury.

CROWSTON Clare H., 2005, « La Reine et sa "ministre des modes". Genre, crédit et politique dans la France pré-révolutionnaire », *Travail, genre et sociétés*, n° 13, p. 75-94.

D'ANNUNZIO Grazia, 2019, « Paris and A Tale of Italian Cities », *in* STEELE Valerie, *Paris, Capital of Fashion*, Londres, Bloomsbury.

DEFAY Alexandre, 2005, *La Géopolitique*, Paris, PUF.

DEIHL Nancy (dir.), 2018, *The Hidden History of American Fashion: Rediscovering 20th-century Women Designers*, Londres, Bloomsbury.

DELPAL Franck, 2015, « Les Fashion Weeks comme facteurs de réussite des capitales de mode », *Mode de Recherche*, n° 22.

DELPORTE Christian, 2006, « L'américanisation de la presse ? Éclairages sur un débat français et européen (1880-1930) » *in* Jean-Yves Mollier, Jean-François Sirinelli, François Vallotton, *Culture de masse et culture médiatique en Europe et dans les Amériques 1860-1940*, Paris, PUF.

DERLON Brigitte et JEUDY-BALLINI Monique, 2015, « Introduction. Arts et appropriations transculturelles », *Cahiers d'anthropologie sociale*, vol. 12, n° 2, p. 9-23.

DIVERT Nicolas, 2010, « De la couturière au grand couturier. Du lycée professionnel aux écoles de stylisme », thèse de doctorat.

DOUKI Caroline et MINARD Philippe, 2007, « Histoire globale, histoires connectées : un changement d'échelle historiographique ? », *Revue d'histoire moderne et contemporaine*, mai, n° 54-4bis, p. 7-21.

EVANS Caroline, 2013, *The Mechanical Smile. Modernism and the First Fashion Shows in France and America, 1900-1929*, New Haven, Yale University Press.

EHRMAN Edwina, 2010, « London as a Fashion City », *Berg Encyclopedia of World Dress and Fashion: West Europe*, Oxford, Berg, p. 299-304.

FAYALD Judy, 1976, « How it all began », WWD, 1er octobre, p. 18.

FEYEL Gilles, 2001, « Naissance, constitution progressive et épanouissement d'un genre de presse aux limites floues : le magazine », *Réseaux*, n° 105, p. 21-47.

FEYEL Gilles, 2007 [1999], *La Presse en France des origines à 1944. Histoire politique et matérielle*, Paris, Ellipses.

FONT Lourdes, 2012, « International Couture: The Opportunities and Challenges of Expansion, 1880-1920 », *Business History*, vol. 54, n° 1, p. 30-47.

GANEVA Mila, 2008, *Women in Weimar Fashion: Discourses and Displays in German Culture 1918-1933*, Rochester, N.Y., Camden House.

GASTON-BRETON Tristan, 1997, *Galeries Lafayette, la légende d'un siècle*, Paris, Cliomédia.

GAUGELE Elke et TITTON Monica (dir.), 2020, *Fashion and Postcolonial Critique*, Vienne, Sternberg Press.

GIANGIROLAMO Gianluigi Di, 2017, « The Development of Fashion Institutions in Italy Involving Both Private and Public Sectors (1945-1962) », *The Culture, Fashion, Society Notebook*, Bruno Mondadori.

GILBERT David, 2006, « From Paris to Shanghai: the Changing Geographies of Fashion's World Cities », *in* BREWARD Christopher et GILBERT David, *Fashion World Cities*, Londres, Berg.

GNOLI Sonia, 2001, *The Origins of Italian Fashion, 1900-1945*, Londres, Victoria & Albert Museum.

GODART Frédéric, 2010, *Sociologie de la mode*, Paris, La Découverte.

GREEN Nancy, 1998, *Du Sentier à la 7e Avenue, la confection et les immigrés Paris-New York, 1880-1980*, Paris, Seuil.

GROSSIORD Sophie, 2006, *Les Années folles 1919-1929*, Paris, Paris-Musées.

GRUMBACH Didier, 2017 [1993], *Histoires de la mode*, Paris, Éditions du Regard.

GUENNEC Catherine, 2004, *La Modiste de la reine*, Paris, Jean-Claude Lattès.

HALL-DUNCAN Nancy, 1979, *The History of Fashion Photography*, New York, Alpine Book Company.

HAWES Elizabeth, 1938, *Fashion is Spinach*, New York, Random House.

HAUDRICOURT André-Georges et DIBIE Pascal, 1987, *Les Pieds sur terre*, Paris, Métailié.

HELLER Sarah-Grace, 2007, *Fashion in Medieval France*, Cambridge, D. S. Brewer.

KAWAMURA Yuniya, 2006, « Japanese Teens as Producers of Street Fashion », *Current Sociology*, 54 (5), p. 784-801.

KENNETT Frances (dir.), 1985, *Norman Hartnell 1901-1979*, Londres, Brighton Art Gallery and Bath Museum of Costume.

KURKDJIAN Sophie, 2014, *Lucien Vogel et Michel de Brunhoff, parcours croisés de deux éditeurs de presse illustrée au XXe siècle*, Paris, Fondation Varenne.

KURKDJIAN Sophie, 2019, « The cultural value of Parisian Haute Couture », *in* STEELE Valerie, *Paris, Capital of Fashion*, Londres, Bloomsbury.

KURKDJIAN Sophie, 2020a, « Paris as the Capital of Fashion: an Inquiry », *Fashion Theory*, mars, vol. 24, n° 3.

KURKDJIAN Sophie, 2020b, « Struggles to maintain French domination of fashion in World War II on both sides of the Atlantic through women's magazines " *in* MCLOUGHLIN Marie et TAYLOR Lou (dir.), *Fashion in Paris and World War 2: Global Diffusion and Nazi control*, Londres, Bloomsbury.

LACOSTE Yves, 2010, *La Géopolitique et le géographe. Entretiens avec Pascal Lorot*, Paris, Choiseul éditions.

LEVI-STRAUSS Claude, 1977, *L'Identité*, Paris, PUF, p. 11.

LIPOVETSKY Gilles, 1987, *L'Empire de l'éphémère. La mode et son destin dans les sociétés modernes*, Paris, Gallimard.

LISTER Jenny, 2019, *Mary Quant*, Londres, Victoria & Albert Museum.

MANSEL Philip, 2005, *Dressed to Rule, Royal and Court Costume from Louis XIV to Elizabeth II*, New Haven, Yale University Press.

MARCHETTI Luca (dir.), 2016, *La Mode exposée : penser la mode par l'exposition*, Genève, HEAD.

MARSEILLE Jacques, 1998, *Le luxe en France du siècle des Lumières à nos jours*, Paris, ADHE.

MARSHALL Alfred, 2013 [1890], *Principles of Economics*, Londres, Palgrave Macmillan.

MERCIER Louis-Sébastien, 1781-1788, *Tableau de Paris*, Genève, Slatkine.

MERLO Elisabetta et POLESE Francesca, 2006, « Turning Fashion into Business: The Emergence of Milan as an International Fashion Hub », *The Business History Review*, vol. 80, n° 3, p. 415-447.

MICHAUD Yves, 2013, *Le Nouveau Luxe*, Paris, Stock.

MILLER Michael B., 1987, *Au Bon Marché 1869-1920 : le consommateur apprivoisé*, Paris, Armand Colin.

MORAND Pascal, 2018, « Technologies et Soft Power : le cas de l'industrie de la mode et du luxe », Académie des Technologies.

MORIN-ROTUREAU Evelyne, 2004, *1914-1918, combats de femmes : les femmes, pilier de l'effort de guerre*, Paris, Autrement.

NORA Pierre, 1984-1992, *Lieux de mémoire*, Paris, Gallimard, 3 tomes : t. 1 *La République* (1 vol., 1984), t. 2 *La Nation* (3 vol., 1986), t. 3 *Les France* (3 vol., 1992).

NUDELL Natalie, 2018, « Ruth Finley's Fashion Calendar », *in* DEIHL Nancy, *The Hidden History of American Fashion*, Londres, Bloomsbury.

PAULICELLI Eugenia, 2004, *Fashion under fascism*, Londres, Berg.

PAULICELLI Eugenia, 2010, « Fashioning Rome: Cinema, Fashion, and the Media in the Postwar Years », *Annali d'Italianistica*, vol. 28, p. 257-278.

PARESYS Isabelle, 2008, *Paraître et apparences en Europe occidentale : du Moyen-Âge à nos jours*, Lille, Presses universitaires du Septentrion.

PERROT Philippe, 1981, *Les dessus et le dessous de la bourgeoisie, une histoire du vêtement au XIXe siècle*, Paris, Fayard.

PERROT Michelle, 1984, « Sur le front des sexes : un combat douteux », *Vingtième siècle*, n° 3, juillet, p. 69-76.

PETROV Julia, 2019, *Fashion, History, Museums: Inventing the Display of Dress*, Londres, Bloomsbury.

PINCHERA Valeria, RINALLO Diego., 2017, « The emergence of Italy as a fashion country: Nation branding and collective meaning creation at Florence's fashion shows (1951-1965) », *Business History*, vol. 62, p. 15.

POIRET Paul, 1986, *En habillant l'époque*, Paris, Grasset.

PORTER Michael, 1998, « Clusters and the New Economics of Competition », *Harvard Business Review*, vol. 76, n° 6.

POUILLARD Véronique, 2016, « Managing fashion creativity. The history of the Chambre Syndicale de la Couture Parisienne during the interwar period », *Investigaciones de Historia Economica*, n°2, juin, p. 76-89.

POUILLARD Véronique, 2011, « Design Piracy in the Fashion Industries of Paris and New York in the Interwar Years », *Business History Review*, vol. 85, n° 2, p. 319-344.

RENNOLDS MILBANK Caroline, 1996, *New York Fashion. The Evolution of the American Style*, New York, Harry N. Abrams.

RETAILLAUD-BAJAC Emmanuelle, 2013 « Entre "chic" et "chien" : les séductions de la Parisienne, de Jean-Jacques Rousseau à Yves Saint-Laurent », *Genre, sexualité & société*, 10.

RETAILLAUD-BAJAC Emmanuelle 2020, *La Parisienne. Histoire d'un mythe. Du siècle des Lumières à nos jours*, Paris, Seuil.

RIOUX Jean-Pierre et SIRINELLI Jean-François, 2004, *Histoire culturelle de la France*, tome 4 : *Le temps des masses, le XX*^e^ *siècle*, Paris, Seuil.

ROCHE Daniel, 1989, *La Culture des apparences : une histoire du vêtement XVII*^e^*-XVIII*^e^ *siècle*, Paris, Fayard.

ROCAMORA Agnès, 2009, *Fashioning the City: Paris, Fashion and the Media*, Londres, I.B. Tauris.

ROUFF Marcel, 1946, « Une industrie motrice : la haute couture parisienne et son évolution », *Annales. Économies, Sociétés, Civilisations*, vol. 1, n° 2, p. 116-133.

SAILLARD Olivier et BOSC Alexandra, 2014, *Les Années 50 : La mode en France 1947-1957*, Paris, Paris Musées.

SAPORI Michelle, 2003, *Rose Bertin : Ministre des modes de Marie-Antoinette*, Paris, Éditions du Regard.

SAPORI Michelle, 2010, *Rose Bertin, couturière de Marie Antoinette*, Paris, Perrin.

SCHUMPETER Joseph, 1990 [1947], *Capitalisme, socialisme et démocratie*, Paris, Payot.

SEEBOHM Caroline, 1982, *The Man who was Vogue, the Life and the Times of Condé Nast*, Londres, Weidenfeld and Nicolson.

SHERWOOD James, 2010, *Savile Row : Les maîtres tailleurs du sur-mesure britannique*, Paris, L'Éditeur.

SIRINELLI Jean-François, 2007, *Les Baby-boomers*, Paris, Hachette.

STEELE Valerie, 2017 [1998], *Paris Fashion, a Cultural History*, Londres, Bloomsbury.

STEELE Valerie, 2019, *Paris, Capital of Fashion*, Londres, Bloomsbury.

STEWART Mary Lynn, 2005, « Copying and Copyrighting Haute Couture: Democratizing Fashion, 1900-1930s », *French Historical Studies*, 28, n° 1, p. 103-130.

STEWART Mary Lynn, 2008, *Dressing Modern Frenchwomen, Marketing Haute Couture 1919-1939*, Baltimore, Johns Hopkins University Press.

SULLEROT Evelyne, 1963, *La Presse féminine*, Paris, Armand Colin.

SUMMERS Julie, 2015, *Fashion on the Ration: Style in the Second World War*, Londres, Profile Books.

SOULIER Vincent, 2008, *Presse féminine, la puissance frivole*, Paris, L'Archipel.

TAVEAUX-GRANDPIERRE Karine, 2013, « Lorsque la presse féminine s'internationalise : le cas ELLE », *Média*, 19, dossier thématique.

TAYLOR Lou, 2004, *Establishing Dress History*, Manchester, Manchester University Press.

TROY Nancy, 2003, *Couture Culture, a study in modern art and fashion*, Cambridge, MIT Press.

THEBAUD Françoise, 2013, *Les Femmes au temps de la guerre de 14*, Paris, Payot.

TRUBERT-TOLLU Chantal, TETART-VITTU Françoise, MARTIN-HATTEMBERG Jean-Marie, OLIVIERI Fabrice, 2017, *La Maison Worth - Naissance de la haute couture, 1858-1954*, Paris, La Bibliothèque des arts.

VEILLON Dominique, 1990, « Le Théâtre de la Mode ou le renouveau de la couture création à la Libération », *Vingtième Siècle. Revue d'histoire*, n° 28, octobre-décembre, p. 118-120.

VEILLON Dominique (dir.), 2008, *La Mode des sixties. L'entrée dans la modernité*, Paris, Autrement.

VEILLON Dominique, 2014, *La Mode sous l'Occupation*, Paris, Payot.

VERHEYDE Philippe, 2012, *Les Grands Magasins parisiens*, Paris, Balland.

VOIROL Olivier, 2011, « Retour sur l'industrie culturelle », *Réseaux*, vol. 2, n° 166, p. 125-157.

VOLLE Pierre, 2011, *Marketing : comprendre l'origine historique*, Paris, Eyrolles, p. 23-45.

WADDELL Gavin, 2001, « The Incorporated Society of London Fashion Designers: Its Impact on Post-War British Fashion », *Costume*, 35, n° 1, p. 92-115.

WHITE Nicola, 2000, *Reconstructing Italian Fashion*, Londres, Berg.

WILCOX Claire, 2009, *The Golden Age of Couture: Paris and London, 1947-1957*, Londres, Victoria & Albert Museum.

ZAJTMANN, David, 2014 « Méta-organisations professionnelles et incitations sélectives. La Fédération de la couture, du prêt-à-porter des couturiers et des créateurs de mode – 1973-2011 », thèse de doctorat.

图书在版编目(CIP)数据

时尚的格局与变革：走向全新的模式？ / (法) 苏菲·柯克让著；张忠妍译. -- 重庆：重庆大学出版社，2022.12

(万花筒)

ISBN 978-7-5689-3582-1

Ⅰ.①时… Ⅱ.①苏… ②张… Ⅲ.①流行—文化研究 Ⅳ.①C912.6

中国版本图书馆CIP数据核字(2022)第199771号

时尚的格局与变革：走向全新的模式？

SHISHANG DE GEJU YU BIANGE: ZOUXIANG QUANXIN DE MOSHI?

[法] 苏菲 · 柯克让（Sophie Kurkdjian）—— 著
张忠妍 —— 译

策划编辑：张　维
责任编辑：鲁　静
责任校对：王　倩
书籍设计：崔晓晋
责任印制：张　策

重庆大学出版社出版发行
出版人：饶帮华
社址：(401331) 重庆市沙坪坝区大学城西路 21 号
网址：http：//www.cqup.com.cn
印刷：天津图文方嘉印刷有限公司

开本：880mm×1230mm　1/32　印张：6　字数：135 千
2022 年 12 月第 1 版　　2022 年 12 月第 1 次印刷
ISBN 978-7-5689-3582-1　定价：99.00 元

版贸核渝字（2022）第 049 号